CB008295

ANO 1000, ANO 2000
NA PISTA DE NOSSOS MEDOS

GEORGES DUBY

ANO 1000, ANO 2000

NA PISTA DE NOSSOS MEDOS

TRADUÇÃO
EUGÊNIO MICHEL DA SILVA
MARIA REGINA LUCENA BORGES-OSÓRIO

REVISÃO DO TEXTO EM PORTUGUÊS
ESTER MAMBRINI

Editora UNESP

imprensaoficial

Dados Internacionais de Catalogação na Publicação (CIP)
(Câmara Brasileira do Livro, SP, Brasil)

Duby, Georges

    Ano 1000, ano 2000: na pista de nossos medos / Georges Duhy; tradução Eugênio Michel da Silva, Maria Regina Lucena Borges-Osório; revisão do texto cm português Ester Mambrini. – São Paulo: Editora UNESP/Imprensa Oficial do Estado de São Paulo, 1999. – (Prismas)

    Título original: An 1000 an 2000. Sur lês traces de nos peurs.

    ISBN 85-7139-180-7 (UNESP)
    ISBN 85-7060-200-6 (Imprensa Oficial do Estado de São Paulo)

    1. Europa – Condições sociais até 1492 2. Medo – Aspectos sociais – História 3. Medo – História 1. Título. II. Série.

98-0939   CDD-152.4609

Índice para catálogo sistemático:
1. Medo: História: Psicologia 152.4609

A Editora UNESP é afiliada:

Asociación de Editoriales Universitarias
de América Latina y el Caribe

Associação Brasileira de
Editoras Universitárias

SUMÁRIO

PREFÁCIO

Para que escrever a história, se não for para
ajudar seus contemporâneos a ter confiança em
seu futuro e a abordar com mais recursos as
dificuldades que eles encontram cotidianamente?
O historiador, por conseguinte, tem o dever de
não se fechar no passado e de refletir
assiduamente sobre os problemas de seu tempo.
Quando Michel Faure, para *L'Express*, e François
Clauss, para Europe 1, solicitaram-me que
dialogasse com eles, considerei útil confrontar
minha experiência de historiador à sua
experiência de jornalistas, sobre o que sei do ano
1000 quanto aos medos do ano 2000. Útil e
legítimo. As pessoas que viviam há oito ou dez
séculos não eram nem mais nem menos inquietas
do que nós. Em que esses homens e mulheres
acreditavam, seus sentimentos, como eles viam o
mundo? A história, da maneira como é escrita
hoje, esforça-se para descobri-lo, para penetrar
no espírito de uma sociedade para a qual o
invisível estava tão presente, era tão digno de
interesse que detinha tanto poder quanto o
visível. É nisso principalmente que ela se
distancia da nossa sociedade. Não apenas
discernir as diferenças, mas também as
semelhanças entre o que a amedrontava e o que
tememos pode permitir-nos, tenho certeza,
afrontar com mais lucidez os perigos de hoje.

Georges Duby

Medos medievais, medos de hoje: um paralelo legítimo?

Estudar e escrever a história para descobrir a vontade divina: tal é a ambição dos membros da Igreja, como aqui o monge Ruodprehet. Os anais consignam os fatos marcantes e testemunham as inquietudes dos homens perante todo desregramento da natureza.
Psautier d'Egber, bispo de Trèves. Cividale del Friuli, Biblioteca do Museu Arqueológico Nacional.

✠ *Traçar um paralelo entre a Idade Média e a aurora do Terceiro Milênio para tratar dos medos de ontem e de hoje parece-lhe legítimo?*

Os homens e as mulheres que viviam há mil anos são nossos ancestrais. Eles falavam mais ou menos a mesma linguagem que nós e suas concepções de mundo não estavam tão distanciadas das nossas. Há, portanto, analogias entre as duas épocas, mas existem, também, diferenças, e são elas que muito nos ensinam. Não são as semelhanças que vão nos impressionar, são as variações que nos levam a fazer-nos perguntas.

Por que e em que mudamos? E em que o passado pode dar-nos confiança?

✠ *O senhor percebe hoje, no seio da sociedade, um sentimento de medo que poderia aproximar-se de um sentimento de mil anos atrás?*

Nossa sociedade é inquieta. O próprio fato de que ela se volta resolutamente na direção da sua memória é uma prova disso. Os franceses jamais comemoraram tanto. Todas as semanas festeja-se aqui e ali o aniversário de alguma coisa. Se nos apegamos dessa maneira à memória dos acontecimentos ou dos grandes homens de nossa história, é também para retomar confiança. É por isso que uma inquietação, uma angústia, está escondida em nosso íntimo.

✠ Para compreendermos os medos de nossos ancestrais, são suficientes os dados do conhecimento sobre a Idade Média?

Esse período de nossa história está distante e as informações são raras. É preciso, portanto, considerar a Idade Média no seu todo. Constatamos que essa sociedade foi movida, entre o ano mil e o século XIII, por um progresso material fantástico, comparável ao desencadeado no século XVIII e que prossegue até hoje. A produção agrícola multiplicou-se por cinco ou seis vezes e a população triplicou em dois séculos, nas regiões que constituem a França atual. O mundo mudava muito rapidamente. A circulação dos homens e das coisas acelerava-se. Depois, na metade do século XIV, entrou-se numa fase de quase estagnação que durou até a metade do século XVIII. Assim, por exemplo, nenhum progresso notável intervém nos transportes entre o reinado de Filipe Augusto e o de Luís XVI, a duração do trajeto de Marselha a Paris mantém-se quase a mesma durante cinco séculos.

Percebemos, também, bastante claramente, a evolução das mentalidades. Nesse período de grande crescimento, como ocorre atualmente, os filhos não pensavam da mesma forma que os pais, mesmo que essa sociedade muito hierarquizada cultivasse, de maneira fundamental, o respeito aos anciãos. Veja: eis uma diferença em relação aos dias de hoje. Todavia, não podemos responder a todas as questões que nos colocamos sobre a Idade Média. Para comparar o homem medieval e o homem atual, quanto aos seus temores, é necessário abrir-se um pouco o campo, a fim de recolherem-se indicações e fatos suficientes.

É preciso, também, tentarmos esquecer o que pensamos e colocarmo-nos na pele dos homens de oito ou dez séculos atrás, para penetrar na civilização da Idade Média, tão diferente da nossa. Ninguém duvidava, naquela época, que houvesse um outro mundo, além das coisas visíveis. Impunha-se, então, uma evidência: os mortos continuam a viver nesse outro mundo. Postas à parte as comunidades judaicas, todo o mundo estava convencido de que Deus havia se encarnado. Todas as culturas – emprego o plural porque junto à cultura dos membros da Igreja existiam, também, uma cultura guerreira e uma cultura camponesa – são dominadas pelas mesmas angústias em relação ao mundo. Elas partilham um sentimento geral de impotência para dominar as forças da natureza. A cólera divina pesa sobre o mundo e pode manifestar-se por este ou aquele flagelo. O que conta essencialmente é garantir a graça do céu. Isso explica o poder extraordinário da Igreja, dos servidores de Deus na terra, pois o Estado, tal como o concebemos hoje, não existia. O direito de comandar, fazer justiça, proteger, explorar o povo dispersava-se entre vários pequenos núcleos locais. Os chefes, esses homens que empunhavam a espada, a espada da justiça, sentiam-se os representantes de Deus, encarregados da manutenção da ordem que Deus quer fazer respeitar na terra.

✠ *A consciência da história existia na Idade Média? Tentava-se abstrair ensinamentos dela?*

Evidentemente. O que diferencia mais claramente a civilização europeia das outras é que ela é essencialmente historicizante, ela se concebe como estando em processo. O homem do Ocidente tem o sentimento de que progride em direção ao futuro e, assim, ele é muito naturalmente levado a considerar o passado. O cristianismo, que impregnou fundamentalmente a sociedade medieval, é uma religião da história. Proclama que o mundo foi criado num dado momento e que, num outro, Deus fez-se homem para salvar a humanidade. A partir disso, a história continua e é Deus quem a dirige. Para conhecer as intenções divinas é necessário, portanto, estudar o desenrolar dos acontecimentos. É isso o que pensavam os homens cultos, os intelectuais daquela época, ou seja, os membros da Igreja. Todo o saber estava em suas mãos. Um monopólio exorbitante.

Em um grande número de instituições religiosas, mosteiros ou catedrais, escreveu-se, portanto, a história, e sob diferentes formas. De maneira geral, anotavam-se simplesmente os acontecimentos marcantes ao longo do ano: em tal ano irrompeu uma tempestade extraordinária, as colheitas foram tardias, tal papa morreu, uma epidemia alastrou-se, o telhado do dormitório ruiu. Assim tomava forma o que chamamos de anais. Mas, às vezes, ia-se mais longe. Um dos monges ou cônegos encarregava-se de compor verdadeiramente uma história. Os acontecimentos do passado eram retomados e colocados em ordem. Desse gênero de escritos vem uma grande parte do que sabemos daquele tempo. Provavelmente nós o conheçamos também pelas contribuições da arqueologia, pelos vestígios da existência dos homens que encontramos ao escavarmos a terra. Entretanto, se a Idade Média não nos parece estranha, é porque os sábios se encarregaram de escrever a história. Sabemos muito mais sobre os séculos XI e XIII europeus do que a respeito da história da Índia, por exemplo, ou da África, porque não havia, nessas regiões cio mundo, a mesma vontade de registrar com exatidão o que acontecia de notável no decorrer dos dias.

✠ *O que os membros da Igreja procuraram no passado? Compreender a história dos homens ou os indícios de Deus?*

Somente os servidores de Deus sabiam escrever e ler, e consideravam como seu dever explicar a história, de maneira a nela detectar os sinais de Deus. Estavam convencidos de que não há barreiras estanques entre o mundo real e o sobrenatural, que existem sempre passagens entre ambos e que Deus se revela naquilo que Ele criou, na natureza, mas também na maneira pela qual orientou o destino da humanidade. Encontravam-se, portanto, no exame dos fatos do passado, espécies de admoestações divinas.

✠ *Quais eram os sinais que os alertavam e como eram interpretados?*

Tudo o que parecia ser um desregramento na natureza era considerado um sinal anunciando os tormentos que deviam preceder o fim do mundo. Dou um exemplo: todo o mundo pensava que, segundo a vontade divina, a trajetória dos astros é regular. O surgimento de um cometa, isto é, de uma irregularidade, suscitava a inquietação. Um dos cronistas daquele tempo conta que, num ano, viram-se no céu estrelas que se batiam umas contra as outras. Uma delas era enorme e lançava faíscas, a outra, menor, girava ao seu redor. Um outro evoca uma baleia "grande como uma ilha", avistada no Canal da Mancha. Ver surgirem bruscamente animais de dimensões anormais, monstros, fazia pensar que alguma coisa não estava bem no mundo, que ele se desorganizava. Por meio de todos esses acidentes, Deus enviava mensagens. Ele conclamava a manter-se alerta. E cabia aos sábios interpretar esses sinais e explicar o seu significado.

Para os monges do ano 1000, o mundo tem uma idade que os textos da Escritura Sagrada permitem calcular. O Apocalipse anuncia como e quando o mundo acabará.
Beatus de Liebana, *Commentaire de l'Apocalypse* (manuscrito F 117/2E, f.117 v.). Soria, Burgo Osmo Catedral.

✠ *A aproximação do milênio era uma fonte de inquietação?*

Os terrores do ano 1000 constituem uma lenda romântica. Os historiadores do século XIX imaginaram que a aproximação do milênio tinha suscitado uma espécie de pânico coletivo, que as pessoas morriam de medo, que elas liquidavam tudo o que possuíam. Isso é falso. Temos, de fato, apenas um testemunho. Um monge da abadia de Saint-Benoît-sur-Loire escreve: "Ensinaram-me que, no ano de 994, os padres anunciavam em Paris o fim do mundo". O monge do qual falo escreve quatro ou cinco anos mais tarde, exatamente antes do ano 1000. "Eles estão loucos", acrescenta. "Basta abrir o texto sagrado, a Bíblia, para ver, Jesus o disse, que jamais se saberá o dia, nem a hora. Predizer o futuro, pretender que esse acontecimento terrível que todo o mundo espera vá produzir-se em tal momento, é ir contra a fé."

Estou certo de que existia, ao término do Primeiro Milênio, uma espera permanente, inquieta, do fim do mundo, porque o Evangelho anuncia que Cristo voltará um dia, que os mortos ressuscitarão e que ele fará a escolha entre os bons e os maus. Todo o mundo acreditava nisso e aguardava o dia da cólera que provocaria, evidentemente, o tumulto e a destruição de todas as coisas visíveis. No Apocalipse, lia-se que, quando mil anos tivessem decorrido, Satã seria libertado de suas correntes e viria, então, o Anticristo. E ver-se-ia surgir dos confins do mundo, desses lugares desconhecidos, perdidos no horizonte, para leste ou para o norte, hordas assustadoras. O Apocalipse suscitava o temor, assim como a esperança. Porque, após as atribulações, começaria um período de paz que precederia o Juízo Final, uma era menos difícil de viver do que a cotidiana. Dessa crença alimentava-se o que chamamos de milenarismo. Quando o véu se rasgasse, iria descortinar-se um longo período em que os homens viveriam finalmente felizes, na paz e na igualdade. Repito: o homem medieval estava num estado de fraqueza extrema perante as forças da natureza, vivia numa privação material comparável àquela dos povos mais pobres da África negra contemporânea. A vida era rude e dolorosa para a maioria das pessoas. Estas tinham, portanto, a esperança de que, passado um período de provações terríveis, a humanidade se dirigiria seja para o paraíso, seja para esse mundo, livre do mal, que deveria instaurar-se após a chegada do Anticristo.

O medo
da miséria

No ano 1000, a miséria é geral, por isso suportável. Mas, a partir do século XII, a miséria atinge mais fortemente uma boa parte da população.
A sociedade medieval, muito rígida, é, no entanto, amplamente fraternal.
Siena, Hospital Santa Maria della Scala, Sala dos Peregrinos.
Afresco de Domenico Di Bartolo, 1443.

O ventre contraído pelo temor da privação, pelo medo da fome e do amanhã, assim segue o homem do ano 1000, mal alimentado, penando para, com suas ferramentas precárias, tirar seu pão da terra. Mas esse mundo difícil, de privação, é um mundo em que a fraternidade e a solidariedade garantem a sobrevivência e uma redistribuição das magras riquezas. Partilhada, a pobreza é o quinhão comum. Ela não condena, como hoje, à solidão o indivíduo desabrigado, encolhido

Desabrigados em Londres. A alguns passos da *City*, os excluídos do desenvolvimento já não esperam mais nada. O individualismo venceu a solidariedade.

numa plataforma de metrô ou esquecido numa calçada. A verdadeira miséria aparece mais tarde, no século XII, bruscamente, nos arredores das cidades onde se amontoam os marginalizados. Vindos dos campos para aproveitar a forte onda de crescimento que sacode u Idade Média, eles encontram as portas fechadas. Desse abandono nasce um novo cristianismo, o de Francisco de Assis, predecessor dos padres operários e do abade Pierre.

❖ Na França atual, existe um medo muito forte, o medo da miséria. Como ele era na Idade Média?

A grande maioria das pessoas vivia no que seria, para nós, uma extrema pobreza. As descobertas arqueológicas mostram isso claramente. Às margens de um lago, na região de Dauphiné, foram reveladas recentemente as fundações de um conjunto de casas que permaneceram preservadas em razão de uma elevação das águas do lago. Muitos objetos foram ali encontrados. Uma comunidade de guerreiros e agricultores ali vivia, por volta do ano 1000. Temos sob os olhos as ferramentas das quais eles estavam munidos e damo-nos conta de como esse equipamento era precário. Por exemplo, havia muito poucos utensílios de ferro. Quase tudo era de madeira. Os camponeses lavravam a terra com arados dotados de uma relha em macieira endurecida ao fogo, como na África. Assim, para cada grão semeado, ficava-se muito feliz em colher dois e meio. A produtividade da terra era ridiculamente fraca. Havia uma imensa dificuldade para se tirar dela o sustento. É preciso imaginar esses homens e essas mulheres vestidos, em grande parte, com peles de animais, mas não mais bem alimentados do que na época neolítica – falo das pessoas do povo, pois essa sociedade era estritamente hierarquizada. Os trabalhadores eram esmagados sob o peso de um pequeno grupo de exploradores, homens da guerra e homens da Igreja, que saqueava quase todo o excedente da produção. O povo vivia permanentemente no temor do amanhã. Em contrapartida, não podemos falar de miséria verdadeira, pois as relações de solidariedade e fraternidade faziam que

O equipamento dos agricultores do ano 1000 é precário. Eles lavram a terra com arados de madeira endurecida ao fogo. No século XI, o uso do ferro e de charruas como esta se difunde e leva ao crescimento da produtividade das terras. Manuscrito NAF 24541 (f.172). Paris, Biblioteca Nacional.

a pouca riqueza fosse redistribuída. Essa terrível solidão do miserável que vemos hoje em dia, no metrô, não existia.

✠ *Essa solidariedade parece-lhe constituir uma diferença importante?*

Fundamental. Como as sociedades africanas, as medievais eram sociedades de solidariedade. O homem estava inserido em grupos: o grupo familiar, o da aldeia, o senhorio, que era um organismo de exação, mas também de segurança social. Quando sobrevinha um período de fome, o senhor abria seus celeiros para alimentar os pobres. Esse era seu dever e ele estava convencido disso. Esses mecanismos de ajuda mútua evitaram, nessas sociedades, a miséria terrível que conhecemos hoje. Existia o medo da penúria repentina, mas não havia a exclusão de uma parte da sociedade lançada ao desespero.

Era gente muito pobre, mas unida. Os mecanismos de solidariedade comuns a todas as sociedades tradicionais desempenhavam plenamente seu papel, como atualmente na África negra. Os ricos tinham o dever de dar e o cristianismo estimulava esse dever de ajudar os outros.

✠ *Desconhecia-se a solidão, na sociedade medieval?*

Essa sociedade era gregária: os homens viviam em bandos. Quando penetramos na vida privada de nossos longínquos ancestrais, percebemos que estavam sempre acompanhados: dormiam em grande número no mesmo leito, não havia paredes de verdade no interior das casas, apenas cortinados. Eles jamais saíam sozinhos; desconfiava-se daqueles que o faziam: eram loucos ou criminosos. Viver assim é difícil, mas também muito consolador. Esses eremitas que penetravam na floresta para expiar seus pecados eram considerados santos, porque isolar-se era um ato de coragem absolutamente excepcional.

✠ Como era a realidade das crises de fome, logo após o Primeiro Milênio?

Conservamos a narrativa de uma crise de fome que ocorreu em 1033, na Borgonha, muito célebre entre os historiadores, pois foi descrita e explicada por um cronista, um monge da congregação de Cluny. No início, diz ele, houve intempéries excepcionais, tinha chovido tanto que não se pôde semear nem lavrar a terra, de tal modo que a colheita foi péssima. Havia-se guardado um pouco de grãos para as sementes, mas, no ano seguinte, a mesma coisa. Chuva, chuva, chuva... E no terceiro ano, mais nada. Então, diz ele, foi assustador, comia-se qualquer coisa. Quando se comeram as ervas, os cactos; quando se acabou de comer as aves, os insetos, as serpentes; então, conta ele, as pessoas puseram-se a comer terra e, depois, comeram-se umas às outras. Desenterravam os mortos para comê-los. Acho que ele exagera. Enfim, como saber? Em todo caso, vemos agir a solidariedade. Esvaziaram-se os tesouros das igrejas para comprar-se o grão que os especuladores guardavam em suas casas e vendiam a preço alto, e houve esforços para alimentar os mais desafortunados. Isso não bastou. O cronista termina afirmando – e isso é muito importante sobre a concepção do mundo naquela época – que a solução era fazer penitência. O céu enviava esse flagelo, era preciso aplacar a cólera de Deus e prostrar-se diante Dele, lamentar seus próprios pecados. O medo permanente da fome origina uma espécie de sacralização do pão, o dom essencial que Deus dá aos homens. "O pão nosso de cada dia nos dai hoje." Isso durou muito tempo. Eu me lembro de minha avó, que fazia uma cruz sobre o pão antes de cortá-lo. Juntava-se todas as migalhas da mesa. Teria parecido impensável, vergonhoso, colocar o pão dormido na lixeira ou lançá-lo aos pássaros. Na Idade Média, e também no campo, há cem anos, esses gestos teriam sido vistos como um sacrilégio, no sentido próprio do termo. Nós ainda vivemos, durante a última guerra, esse medo da falta de alimento

✠ *É essa mesma inquietação que reaparece hoje com todos os apelos à solidariedade, a cada inverno, entre as pessoas que não têm o que comer, nem onde se abrigar...*

Os "Restos du coeur" ["Restaurantes do coração"], é isso. É efetivamente a tomada de consciência de que há pessoas que morrem de fome e que, amanhã, podemos estar em seu lugar. É essa inquietação que nos ronda na França hoje, essa angústia diante do desemprego, que nos leva a perguntar: "será que eu mesmo, será que meus filhos não vamos estar amanhã desabrigados, alimentados com a sopa popular?". Esse medo da privação oprimia até o ventre os homens do século XI. Penso que ele não parou de torturá-los ao longo dos tempos. Acredito, entretanto, que se tinha muito mais confiança na solidariedade ontem do que hoje. Infinitamente mais. Sempre existiram egoístas, pessoas que guardam as coisas para si, é evidente. Mas penso que a confiança num gesto natural de solidariedade, de partilha, estava ancorada no espírito dos homens daquele tempo. Estou convencido disso.

✠ *Irromperam revoltas de miseráveis na Idade Média?*

Que eu saiba, não houve revoltas provocadas pela fome nos campos. É preciso lembrar que a França do ano 1000, e depois do ano de 1200, a de Filipe Augusto e de São Luís, estava arrebatada por um movimento de crescimento material extraordinário. Os ferreiros haviam-se espalhado pelas aldeias no século XI, relhas de ferro eram forjadas em todos os lugares, assim a produtividade elas terras cresceu consideravelmente. Comia-se cada vez melhor nas choupanas, às vezes até mesmo pão branco. Além disso, os homens e as mulheres tinham adotado o costume de vestir-se com tecidos. O progresso era traduzido, principalmente, pela urbanização, o renascimento das cidades, que quase morreram na civilização puramente agrária, rural, da alta Idade Média. E foi nos arredores das cidades em crescimento, no século XII, que a miséria apareceu. Repentinamente. Como uma coisa intolerá-

vel. Isso era consequência da migração dos camponeses para a cidade. Na periferia, onde chegavam esses migrantes desenraizados, a solidariedade primitiva estava destruída. Eles tinham deixado suas famílias para ir tentar a sorte na cidade, não tinham mais ao seu redor os primos, a paróquia. Estavam sós, dignos de pena. E o espetáculo de sua miséria provocou o rápido desenvolvimento de instituições de caridade e albergues. Foram criadas, para abrigá-los, Santas Casas, como aquela de Paris. Formaram-se as confrarias, as associações de socorro mútuo, reconstituindo uma malha de solidariedade nos novos bairros.

✠ *Essa miséria desencadeou uma renovação do cristianismo?*

O aumento da população dos campos espalha-se pelas cidades que crescem. Constroem-se alojamentos, geralmente de madeira. à exceção dos templos. Porém, progressivamente, o pedreiro toma o lugar do carpinteiro. A fabricação de tijolos é feita no canteiro de obras, por economia e praticidade. *Bible d'Utrecht* (ms. Add. 38122, f.78 v.). Londres, Biblioteca Britânica.

É nesse momento, ao fim do século XII, que aparece Francisco de Assis, o homem que encarna uma transformação radical do cristianismo. Francisco quis viver humildemente com os pobres. Os novos religiosos não queriam mais ser alçados ao topo da hierarquia como os padres e os monges o eram na civilização rural, simples e calma do século XI. Ocorreu uma verdadeira reformulação do cristianismo diante dos novos problemas criados por uma espécie de efervescência da miséria. Um historiador italiano dizia que a história do cristianismo é dominada por duas figuras, a de Jesus e a de Francisco de Assis. Este último é como que um símbolo, uma grande testemunha. É verdade que o cristianismo muda radicalmente depois de 1200. Antes, ele era, para a maioria das pessoas, um conjunto de ritos, de cerimônias conduzidas por homens instalados muito confortavelmente, convencidos de dominar toda a sociedade, e que os outros, os fiéis, de longe, olhavam cantar juntos as orações e os hinos. Depois, os homens de Deus conclamaram a

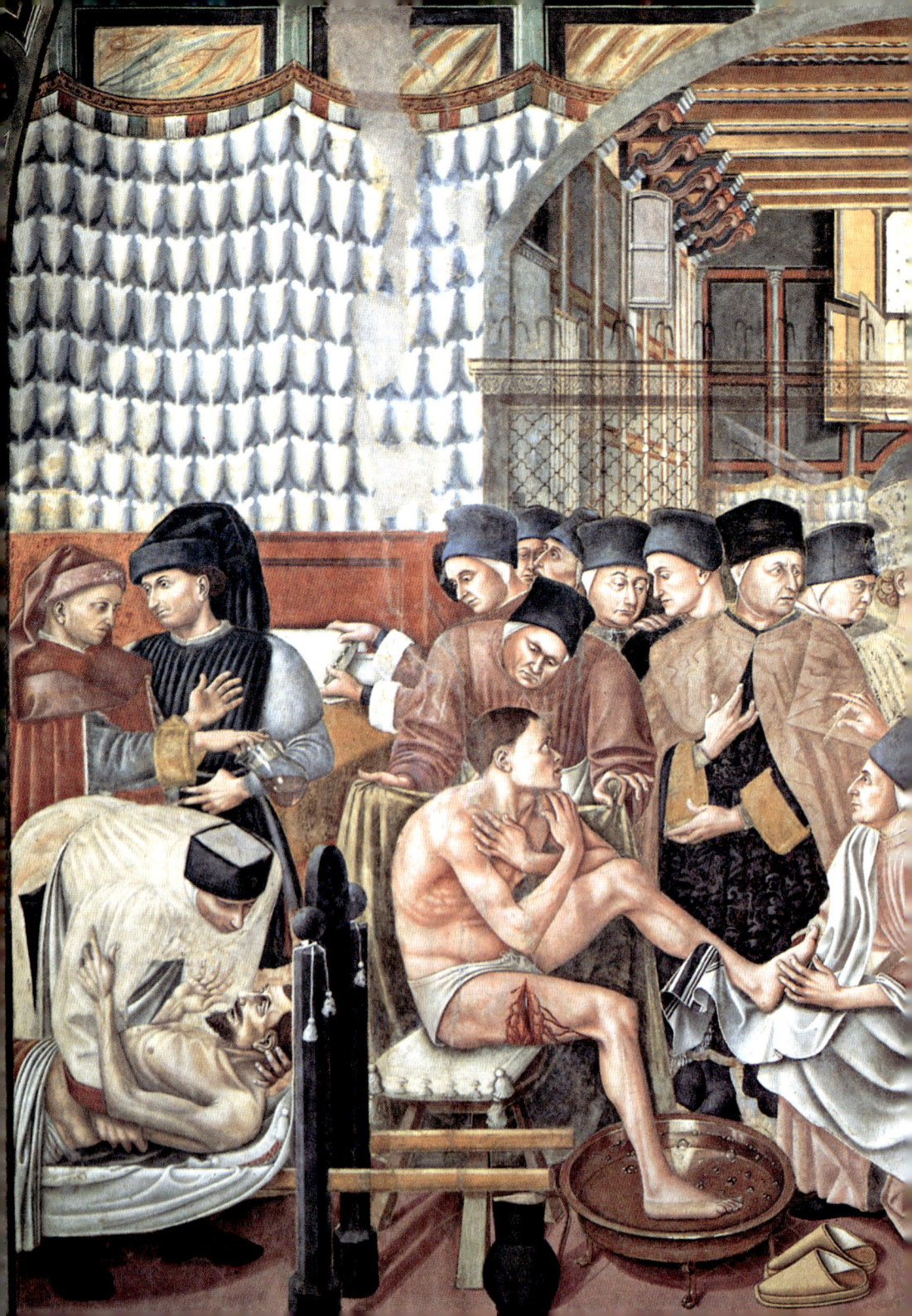

Páginas precedentes.
No século XII, as cidades
viram afluir massas de migrantes
sem laços afetivos. As instituições
de caridade e albergues
desenvolveram-se, então, na Europa,
para substituir a solidariedade inicial
doravante suprimida. Aqui,
os cuidados aos feridos prestados
no Hospital Santa Maria
della Scala, em Siena.
Siena, Hospital Santa Maria
della Scala, Sala dos Peregrinos.
Afresco de Domenico Di Bartolo, 1443.

Os males atingem frequentemente
os homens e as calamidades
excepcionais são, no
espírito cristão, provações
enviadas por Deus. A caridade
religiosa encarrega-se de aliviá-los.
Aqui, cônegos dando
pão aos miseráveis.
Siena, Hospital
Santa Maria della Scala,
Sala dos Peregrinos.
Afresco de Domenico Di Bartolo,
1443.

viver segundo o Evangelho. A ação do abade Pierre, ou a iniciativa dos padres operários, dos quais se perdeu um pouco a memória, situa-se na mesma direção daquela de São Francisco. Esses homens consideravam que, como Cristo, deviam viver com os mais desafortunados e tentar despertar o espírito dos ricos para que seguissem seu exemplo e saíssem de sua confortável boa consciência. Os irmãos mendicantes, os dominicanos e os franciscanos agiram assim, animados pela vontade de seguir o exemplo de Cristo, de serem pobres entre os pobres. Eles não viviam de sua renda como os cônegos da catedral; iam mendigar seu pão. Ou, então, trabalhavam para ganhá-lo. Eles nada possuíam e nada queriam possuir. No início, os franciscanos e os dominicanos eram também indivíduos sem domicílio fixo. Quando foram obrigados a viver em mosteiros, eles os construíram nos arrabaldes, o mais próximo da miséria. Descobrir a miséria, a verdadeira, fez surgir, portanto, novas maneiras de viverem sua religião.

Parece-me que hoje, diante da ascensão da miséria que os poderes públicos não conseguem conter, aparece um revigoramento da solidariedade. Apesar do enfraquecimento da prática religiosa, permanece o sentimento de que é preciso ajudar o seu próximo, e esse sentimento, parece, é mais forte entre os pobres. Observe a Argélia de hoje. O que é que explica o sucesso da Frente Islâmica da Salvação, a FIS? Os militantes islâmicos, aplicando um dos preceitos do Alcorão, reconstituíram redes

eficazes de solidariedade que preenchem uma função de assistência social que o Estado laico não consegue assegurar.

✠ *Os irmãos mendicantes constituíam uma ameaça, uma contestação da ordem estabelecida por parte da Igreja?*

São os primórdios da Reforma que aparecem aqui. Quando os primeiros franciscanos chegaram a Paris, por volta de 1230, as pessoas perguntaram-se quem eles eram e o que faziam. Eles foram confundidos com hereges. Aliás, sua maneira de viver na pobreza, trabalhando com suas mãos como os primeiros discípulos de Cristo, evidenciava os defeitos da Igreja institucionalizada. Esta última defendeu-se, recrutou-os e esforçou-se em apagar o aspecto contestatório de Francisco de Assis. Contudo, a boa semente estava lançada, e frutificou.

✠ *A que se assemelhavam esses primeiros arrabaldes, nos quais os irmãos mendicantes trabalhavam para aliviar a miséria? De onde provinham seus habitantes? Como viviam?*

O subúrbio? No começo, é um amontoado de abrigos muito precários, uma favela, e disso, após oito séculos, nada resta. Os arqueólogos não encontram seus vestígios. O historiador tem, portanto, de imaginar, e ele tem esse direito. Ele vê a vida dessa gente como a dos habitantes das favelas do Rio de Janeiro. De onde provinham? Vinham do campo circundante, empurrados para fora de suas terras pelo crescimento demográfico, que foi o motor essencial do progresso fantástico de que falava há pouco. Uma demografia comparável àquela dos países mais prolíficos do Terceiro Mundo atual, com taxas de mortalidade infantil muito elevadas. Um quarto elas crianças morria antes dos cinco anos e outro quarto, antes da puberdade. Mas, apesar de tudo, os nascimentos eram tão numerosos que havia crescimento da população, e os indivíduos que tinham atravessado os perigos da infância e da adolescência eram resistentes. Desde algum tempo, os historiadores da Idade Média reconsideraram a ideia de que os homens daquela época morriam cedo. Escavando os cemitérios, encontraram-se esqueletos, muitos dos quais são de idosos.

✠ *Esse crescimento demográfico era o sinal de uma confiança no futuro, de um otimismo coletivo?*

Espremida atrás de suas muralhas na alta Idade Média, a cidade transborda, no século XII, pelo afluxo dos camponeses. Do lado de fora dessas muralhas, burgos e subúrbios espalham-se, como mostra o croqui de Moulins no l'Allier, na segunda metade do século XV. Guillaume Revel, Armorial d' Auvergne, *Moulins* (Ms. franceses 22297). Paris, Biblioteca Nacional.

Todas as avaliações sobre a população são extremamente conjecturais. O que posso dizer com alguma segurança é que a população da França, provavelmente, tenha se multiplicado por três, entre o ano 1000 e o ano de 1300. No ano de 1300, o espaço ocupado pela França atual era, certamente, povoado por 20 milhões de habitantes. Era o país mais populoso da Europa. A Inglaterra tinha apenas três milhões de habitantes. Portanto, se as conjecturas estiverem corretas, podemos estimar que no ano 1000 havia sete ou oito milhões de habitantes na França, não mais.

Acho que essa expansão demográfica pode ser interpretada como um sinal de otimismo. A população europeia começou a aumentar lentamente na época carolíngia, e nos perguntamos por quê. É muito difícil interpretar as oscilações da natalidade, mesmo atualmente. Não sabemos realmente por que houve um *boom* de nascimentos na França, nos anos 50 do nosso século. Acredito no papel desempenhado pela evolução das estruturas familiares. Por volta do ano 1000, a Igreja impôs, primeiramente às populações rurais, depois à aristocracia, a monogamia e a exogamia, isto é, possuir uma só mulher e não esposar primas-irmãs. Assim se construiu um ambiente estável, o lar, em que as crianças eram mais bem-educadas e protegidas. Uma estrutura familiar que durou quase um milênio e que se desintegra sob nossos olhos. A Europa e a França viveram uma transformação fundamental desde o fim do século XIX, principalmente durante o século XX. As relações de parentesco, as velhas estruturas matrimoniais, o casamento à antiga, o casamento dos meus pais, o meu, tudo isso foi questionado. E, ao mesmo tempo, apenas na civilização ocidental, e pela primeira vez desde as origens da espécie, a mulher deixou de ser considerada um ser inferior e necessariamente submisso ao homem. É algo totalmente novo. A sociedade medieval era uma sociedade masculina. Falei sobre os homens que quase nunca saíam às ruas sozinhos. Mas uma mulher, uma mulher só, fora de sua casa, era uma prostituta ou uma louca.

Por volta do ano 1000, a Igreja impõe sua concepção do casamento monogâmico. O núcleo familiar mais sólido oferece um ambiente estável para a educação das crianças.
Siena, Hospital
Santa Maria della Scala, Sala das Lactantes.
Afresco de Domenico di Bartolo, 1443.

✠ *A cidade era o único destino possível para os marginalizados?*

A população francesa multiplicou-se provavelmente por três, entre o ano 1000 e o ano de 1300. A Sala das Lactantes do Hospital de Siena fica lotada. Siena, Hospital Santa Maria della Scala, Sala das Lactantes. Afresco de Domenico di Bartolo, 1443.

Os homens e as mulheres com mais de 15 ou 20 anos eram muito numerosos no domínio familiar. Eles deviam partir para a aventura. Havia duas espécies de aventuras possíveis para os camponeses. A primeira era desmatar terras. A área agrícola estendeu-se de maneira considerável. No ano 1000, os arredores de Paris eram cobertos de florestas. A grande floresta de Yvelines ia do bosque de Bolonha a Rambouillet. Ela foi, aos poucos, aberta, retalhada pelos desmatadores, que partiam com as ferramentas que possuíam. O pai dava uma velha enxada, um desses arados de relha de madeira endurecida. Eles começavam por derrubar as árvores, arrancavam as raízes, queimavam-nas, e depois cultivavam os campos, construindo suas próprias casas. Foi assim que a Europa foi povoada. Houve, também, migrações para lugares bem distantes. Os flamengos partiram para colonizar a Polônia, por exemplo. Tudo era organizado por empreiteiros que recrutavam trabalhadores, transportavam-nos, após terem obtido dos príncipes eslavos a concessão de um terreno virgem, onde se criava um novo vilarejo. A outra aventura era partir para a cidade, na qual o artesanato desenvolvia-se em razão da elevação geral do nível de vida. Trabalhava-se a lã, a madeira, e fabricavam-se tecidos de qualidade cada vez melhor, que eram tingidos. Empregos eram criados junto aos tecelões, tintureiros, curtidores, carpinteiros, vidraceiros, pedreiros. Mas não havia trabalho para todos. Os últimos a chegar conseguiam, em alguns dias, ser contratados na grande praça, quando se necessitava de um trabalhador braçal ou de um estivador. Se não, era a miséria. E depois a velhice, a doença.

✠ *Essas pessoas, expulsas de suas casas, podem ser consideradas os primeiros excluídos?*

Podemos comparar sua situação à dos camponeses sicilianos do início do século XX. O pai dizia: não há mais nada para comer em casa, é preciso ir para a América.

Essa sociedade era muito mais flutuante do que podemos imaginar. Nas famílias nobres, por exemplo, era comum que os meninos, aos sete anos, fossem fazer seu aprendizado em outro lugar. Aqueles que estavam destinados a tornar-se padres eram enviados para as escolas monásticas e os que deviam ser cavaleiros iam aprender a montar a cavalo e a lutar na casa do senhorio de seu pai ou na casa de um tio.

Mas a exclusão? Ela refere-se, primeiramente, às comunidades judaicas, muito importantes nas cidades, no ano 1000 e até o século XII. No início do século XIII, foi imposto aos judeus o porte de um sinal distintivo, tal como sob a Ocupação. Nesse caso, a exclusão era radical. E ela o era também para uma outra categoria de homens e mulheres, os leprosos, que, como os judeus, eram isolados num setor periférico da sociedade, separados dos outros, diferenciados por suas vestimentas e pela matraca que agitavam.

A fabricação de vidro para os vitrais das catedrais então em construção necessitava de grandes quantidades de areia e fornos potentes. *Les Voyages de Sir John Mandeville*, "Souffleurs de verre en Bohème" (manuscrito 24189, f.16), início do século XV. Londres, Biblioteca Britânica.

✠ *Atualmente, fala-se de exclusões com relação aos pobres. Essa rejeição existia na Idade Média?*

A rejeição do miserável ou do migrante já existe, não se pode negá-la. De fato, ela se manifestou na Idade Média, porém mais tarde, no século XIV. A guerra, a Guerra dos Cem Anos, tinha feito afluir para as cidades as populações dos campos importunadas, atormentadas pelos militares. Os ricos tiveram medo, medo dos pobres, que se tornaram muito numerosos, inquietantes. O limiar de tolerância da miséria fora ultrapassado. Nesse momento, produziu-se um fenômeno de rejeição.

✠ *Os medos de ontem parecem abrigar, embrionariamente, os progressos de amanhã...*

Certamente. Considere as crises de fome. Elas surgem de um desequilíbrio entre a necessidade e a produção de alimento. Foram interpretadas, pelos cronistas da época, como sinais nefastos. Mas nós, historiadores, nós as vemos como os sinais de um progresso, como os sobressaltos do desenvolvimento, de um desenvolvimento fulgurante mas caótico.

Um oblato veste o hábito para tratar dos doentes no hospital. Inúmeros leigos agregavam-se, assim, a confrarias religiosas, doando-lhes seus bens e prometendo observar o regulamento, mas sem pronunciar os votos.
Siena, Hospital Santa Maria della Scala, Sala dos Peregrinos.
Afresco de Domenico di Bartolo, 1443.

O medo
do outro

Diferente por ser nômade, o povo cigano sofreu, ininterruptamente, a rejeição dos sedentários. Painel de advertência destinado aos ciganos. Madeira pintada, por volta de 1715. Nördingen (Baviera), Museu.

Nos tempos de São Luís, as hordas que surgiam do leste provocam terror e angústia no mundo cristão. O medo do estrangeiro oprime novamente as populações.

No entanto, a Europa soubera digerir e integrar os saqueadores normandos. Essas invasões tinham tornado menos claras as fronteiras entre o mundo pagão e a cristandade e estimulado o crescimento econômico. A Europa, então terra juvenil, em plena expansão,

estendeu-se aos quatro pontos cardeais, alimentando-se, com voracidade, das culturas exteriores. Uma situação muito diferente da de hoje, em que o Velho Continente se entrincheira contra a miséria do mundo para preservar suas riquezas. Se o homem medieval teme, sobre todas as coisas, o pagão, o muçulmano e o judeu, infiéis a converter ou a destruir, desconfia também do outro, seu vizinho de aldeola.

✠ *Esse medo contemporâneo, o do outro, de todos aqueles que estão amontoados em nossas fronteiras, existia no ano 1000?*

Sim. Era uma realidade ainda mais opressora porque, pouco tempo antes, a Europa tinha sofrido as invasões de hordas saqueadoras: primeiro, os *vikings,* que vinham do norte; em seguida, os húngaros, que chegavam dos confins da estepe asiática; e, depois, os mouros. A lembrança dessas invasões não se perdera e temiam-se novos ataques. No ano 1000, piratas escandinavos ainda desembarcam e vêm sequestrar princesas à beira do Atlântico, na Aquitânia. O perigo não existe mais, mas dele se guarda a memória; por isso a inquietação.

Veja: por minha avó, que o sabia de sua avó, eu ainda retive a lembrança dos cossacos chegando na França em 1815. Entretanto, a Europa teve o privilégio insigne, entre todas as outras partes do planeta, de ser poupada, desde o ano 1000, das invasões estrangeiras.

✠ *Como se vivia a chegada dessas hordas vindas do estrangeiro?*

O choque era brutal. Não eram, absolutamente, como ao fim do Império Romano, migrações de povos nômades que queriam integrar-se a essa espécie de cooperativa de felicidade que era o Império. No século X, no século XI, tratava-se de saqueadores selvagens. Outros vieram mais tarde, no século XIII: os mongóis. Aí foi o pavor. Houve uma grande inquietação nos tempos de São Luís. A cristandade iria resistir diante dessas hordas asiáticas? Essa invasão, que se precipitou sobre a Rússia, chocou-se contra a

PARIS IAIAR

Como os *vikings* e os húngaros,
os mouros, isto é, os muçulmanos,
instalados há dois séculos na Espanha,
invadiram a Europa carolíngia.
Suas primeiras expedições sobre
as ilhas e sobre a costa italiana
datam de 806, 808 e 812.
Eles apoderaram-se da Sicília
até o fim do século XII e permaneceram
ameaçadores na bacia mediterrânea.
Mouro a cavalo, combatendo na Sicília.
Afresco, fim do século XIII.
Pernes-les-Fontaines, Tour Ferrande.

Polônia e a Hungria. Ela foi contida, mas provocou um pavor intenso entre os europeus nos anos de 1240, 1250. Sabia-se que eles destruíam tudo na sua passagem, como os hunos o haviam feito, muito tempo antes, e como o fizeram os húngaros, mais recentemente, antes de integrarem-se à cristandade.

Os normandos, sob
o comando de Guilherme,
navegam sobre dracares de
vikings para a conquista da
Inglaterra, em 1066.
"Aqui Haroldo navegou sobre o mar."
Tapeçaria da rainha Matilde,
por volta de 1080.
Bayeux, Museu da Tapeçaria.

✠ *Como se desenrolavam*
essas invasões? Com
quantos homens, sobre
que extensão territorial?

Vamos tomar o caso dos *vikings*. Eles chegavam de barca, subiam o Loire, o Sena, o Garona, penetravam muito longe no território. Trinta, cinquenta homens, no máximo. O que lhes interessava era o saque. Sabiam que nos mosteiros poderiam apropriar-se de relicários, urnas de metais preciosos, objetos muito tentadores. E depois, de passagem, tomavam as mulheres, o gado. Contudo, durante a má estação, esses invasores instalavam-se permanentemente,

construíam um acampamento na foz do rio, e aí hibernavam. Esse acampamento transformava-se num mercado. Os períodos de agressividade e os de negociações se alternavam. Essas invasões provocaram, assim, a extensão das relações comerciais entre o Báltico e os países do mar do Norte. Os normandos traziam couros, peles preciosas, escravos também, provavelmente. E os franceses vendiam-lhes vinho.

✠ *Poder-se-ia dizer que as invasões constituíram, de certa forma, os primórdios do desenvolvimento do comércio europeu?*

Elas atenuaram as fronteiras entre o mundo pagão do Norte e a cristandade. Destruíram igualmente o que estava carcomido nas estruturas da civilização franca e colocaram em circulação o ouro e a prata dos tesouros da Igreja, o que estimulou o crescimento econômico.

✠ *Tratava-se, portanto, de um processo em duas fases, uma agressiva e outra de integração.*

Sim. Os normandos queriam participar plenamente da civilização do país no qual se instalavam, mas sem deixar de cobiçar os saques. Da Normandia, em seguida partiram guerreiros para a conquista do sul da Itália e da Sicília. Mais tarde, conquistaram a Inglaterra. Desses países, trouxeram riquezas que permitiram edificar essas obras-primas da arquitetura romana que são Saint-Étienne de Caen ou Saint-Georges-de-Boscherville. Esse espírito de aventura contribuiu muito para unificar a civilização europeia.

✠ *Quais foram, afora o comércio, os setores da integração progressiva dos invasores?*

A primeira maneira de integrar-se é tornar-se cristão. Assim, no início do século X, o chefe normando Rollon aceita ser batizado. Ele muda de nome, adotando o de seu padrinho, Robert. Com ele, todos os guerreiros que o cercam mergulham nas águas do batismo. Por volta do ano 1000, o duque da

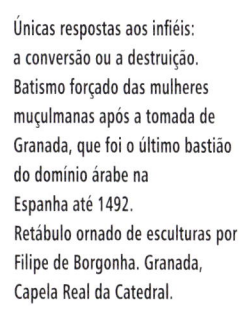

Únicas respostas aos infiéis: a conversão ou a destruição. Batismo forçado das mulheres muçulmanas após a tomada de Granada, que foi o último bastião do domínio árabe na Espanha até 1492.
Retábulo ornado de esculturas por Filipe de Borgonha. Granada, Capela Real da Catedral.

Normandia chama um homem que sabia escrever bem o latim, formado nas melhores escolas – o portador da cultura carolíngia mais pura. Encomenda-lhe uma história dos normandos. Nela vemos como se deu a integração, ao menos entre os aristocratas. Eles firmaram com as famílias dos países francos, casamentos que foram, com o cristianismo, o fator essencial do enfraquecimento das disparidades étnicas e culturais. Tornavam-se realmente participantes da comunidade do povo de Deus assim que começassem a compreender alguns rudimentos de latim e se pusessem a construir igrejas na tradição carolíngia.

✠ *Para esses povos que chegavam de longe, a adesão ao cristianismo era uma transgressão difícil ou, antes, um ato político?*

É preciso ver bem o que era o cristianismo no ano 1000. Era um conjunto de gestos rituais, de cerimônias.

O batismo de Rollon é nitidamente um ato político, tal como reivindicar hoje a nacionalidade francesa. Tratava-se de uma formalidade e podemos pensar que, no fundo de seu coração, Rollon sempre venerou os deuses do panteão escandinavo, aos quais acrescentou uma outra divindade que podia ser-lhe útil.

✠ *Paradoxalmente, as invasões do ano 1000 constituíram um fator de progresso...*

Acho que as últimas invasões sofridas pela Europa deram um impulso que acelerou o extraordinário crescimento europeu inicial que se desenvolveu durante três séculos. Por isso, efetivamente, derrubar as barreiras, mesmo de maneira violenta, é mais produtivo do que o fechar-se em si mesmo.

✠ *Conservam-se testemunhos do medo que o estrangeiro suscitava então?*

Os cronistas, quando falam dos homens do Norte, relatam o terror que se apoderara de toda a população. Mas, provavelmente, denegriram a imagem dos normandos. Estes últimos devastavam os mosteiros onde encontravam-se as riquezas. Os monges passaram, portanto, dos *vikings* uma imagem terrível. Os normandos, os húngaros, os sarracenos apareceram como flagelos. Sob o nome de sarracenos, eram reunidos todos os que eram muçulma-

Sobre o pórtico da abadia de Vézelay estão representados os povos dos confins do mundo, especialmente aqueles de quem a cristandade temia a invasão.
Vézelay, Basílica Sainte-Madeleine.
Detalhe do pórtico lateral direito, cena da Adoração dos Magos, século XII.

nos. Eles vinham do sul, do Magrebe, mas principalmente, da Espanha, que fora conquistada pelos muçulmanos, e das ilhas – as Baleares, a Sicília. No século X, para melhor saquear os Alpes, eles haviam instalado um posto fixo perto de Saint-Tropez. Tratava-se de berberes, corsos ou sardos?

Como as peregrinações a Roma
e a Jerusalém, a de
Santiago de Compostela
deslocou multidões durante
toda a Idade Média. Segundo
a lenda, o próprio
Carlos Magno teria partido de
Aix-la-Chapelle para Compostela.
Codex Calixtinus, século XII
(manuscrito, f.162 v.).
Santiago de Compostela,
arquivos da Catedral.

O que os identificava, aos olhos dos cristãos, é que se recusavam a inclinar-se diante da cruz. Os franceses da época viam chegar pessoas cujas maneiras de viver, de alimentar-se, de morar eram absolutamente diferentes das suas, falando uma linguagem que ninguém compreendia. A estranheza e o perigo, era isso que os terrificava. Mais tarde, foram os mongóis, os turcos que aterrorizaram a Europa. O estrangeiro, vindo de longe, é o invasor absoluto, causa mais medo que o vizinho que agride. Lembro-me do terror que inspiravam, durante a Ocupação, os soldados tártaros recrutados pelos alemães. As hordas que surgiam impetuosamente do leste, multidões prontas a irromper, eis o temor, vivaz, permanente.

✠ *Existiam tipos físicos bem-determinados, naquela época?*

Louros altos e morenos baixos? É muito difícil de afirmar. A arte daquele tempo não é figurativa. Os primeiros retratos aparecem no século XIV. Antes, quando um pintor representava um rosto, referia-se a um modelo, mas não reproduzia os traços do personagem. Nos textos, as descrições físicas dos homens e das mulheres são estereotipadas. Gostaria muito de saber que aparência tinha Eleanor de Aquitânia. Jamais o saberei – não há nenhuma representação fiel sua. O busto funerário que está em Fontevraud não é realista. Havia, certamente, diferenças físicas entre os homens, mas não podemos defini-las.

✠ *O estrangeiro era o único a inspirar medo?*

A desconfiança em relação ao outro existia também no interior do território francês. Um cronista borgonhês conta a passagem, através de sua região, de um grupo de pessoas que vinha da Aquitânia, os occitanos. É preciso ver como fala deles: "Que tipos são esses aí? São palhaços, com suas túnicas curtas demais, pederastas!". Veja também a projeção, no estrangeiro, do que é o pecado. Conservamos, inclusive, uma espécie de guia

Para os monges do ano 1000, as primeiras agitações heréticas assemelham-se aos tumultos do cosmos, anunciadores do fim dos tempos. E o reino de Deus só se estabelecerá na terra quando toda a humanidade – judeus, muçulmanos e pagãos – for convertida. Hereges e judeus recusando-se a escutar a palavra de Deus. Raban Maur, *De Universo*, 1023. Montecassino, arquivos da Abadia.

turístico escrito para o uso dos peregrinos de Compostela, no século XII. Ele aconselha: passai por tal estrada, não deixeis, principalmente, de visitar tal santuário, onde estão depositadas relíquias milagrosas, mas, quando tiverdes ultrapassado Bordéus, caireis num país, o país basco, onde as pessoas não falam mais como humanos, latem como cães. O sentimento de estranheza aparece, portanto, tão logo se tenham passado os limites de sua pequena região. Entretanto, o estrangeiro absoluto também existe. É aquele que não pertence à co-

munidade cristã – o pagão, o judeu, o muçulmano. Esses estrangeiros, esses infiéis, é preciso convertê--los ou, então, destruí-los, porque o reino de Deus deve implantar-se sobre a terra, e ele só se estabelecerá quando toda a humanidade for convertida ao cristianismo. Era o que dizia São Luís, esse modelo de santidade. Quando lhe perguntavam: "Não se pode discutir com os muçulmanos, com os judeus?", ele respondia: "Com essa gente, há apenas um argumento: a espada. É preciso enfiá-la no seu ventre!".

✠ *É nessa época que aparecem os primeiros guetos judeus?*

Os judeus viviam isolados em determinados redutos. No século XIII, foram obrigados a distinguir-se dos outros por suas vestimentas, por uma insígnia que lhes foi imposta. Mas a história do antissemitismo, que está se fazendo, é complexa. Durante muito tempo, houve uma coexistência sem agressividade muito expressiva. Essa agressividade manifestou-se, com expulsões e *pogroms*, a partir do momento em que a expansão econômica começou a enfraquecer. As comunidades judaicas, especializadas no comércio do dinheiro e praticando empréstimos a juros, tinham a fama de sugar o sangue do povo. Assim, à época da grande peste, no século XIV, o judeu foi tratado como o responsável pela desgraça. Ele tinha sido considerado um inimigo, durante a Cruzada, no fim do século XI. Quando passaram pelas cidades do vale do Reno, os cruzados massacraram as comunidades judaicas. A população da região tentou protegê-las. Os bispos de Colônia, de Mayence, de Trèves tudo fizeram para evitar os massacres, mas não puderam deter esse fanatismo, esse entusiasmo sanguinário dos que partiam para libertar o túmulo de Cristo. "Cristo está morto; os judeus o mataram", diziam os cruzados. É preciso, por isso, matar os judeus. Mas, nos séculos XII e XIII, em Paris, em Rouen, em Troyes, intelectuais judeus e cristãos dialogavam. Temos testemunhos de perfeita solidariedade entre sábios de religiões diferentes.

Afonso, o Sábio, rei de Castela, tal como o imperador Frederico II, rei da Sicília, acolherá judeus e muçulmanos. Um judeu e um árabe jogando xadrez. Manuscrito feito a pedido de Afonso, o Sábio, *Le Livre des Jeux*, 1283 (f.63 r). Espanha, Biblioteca do Escorial.

✠ *No entanto, as pessoas viajavam muito na Idade Média. Esses movimentos da população não favoreciam uma tolerância maior em relação ao estrangeiro?*

Foi graças a essa mobilidade que se pôde constituir uma nação francesa. Durante muito tempo, a França esteve dividida em duas, entre os povos do Norte e os do Sul. O limite era o sul do Loire. Em Bordéus, ainda, as pessoas se sentiam bastante próximas dos povos do Norte, enquanto em Clermont, em Toulouse, sentiam-se muito distantes de lá. A cruzada contra os albigenses, no século XIII, não melhorou as coisas. Os povos do Sul viram a chegada dos povos do Norte como uma invasão estrangeira devastadora e houve recrudescência do nacionalismo occitano. É verdade que, graças às viagens e contatos, aos poucos a hostilidade atenuou-se entre as diferentes etnias. E até mesmo uma espécie de convívio estabeleceu-se na Síria, na Palestina, entre os

No século XI, a Igreja recrutava os cavaleiros para combater e prometia-lhes a remissão de seus pecados. Essa é a origem das Cruzadas para defender os cristãos oprimidos. Cristãos e muçulmanos. Manual "Secreta fidelium crucis" para um jovem aspirante a cruzado por Marino Sanudo, século XIII (f.4: partida da Cruzada). Veneza, Biblioteca Marciana.

cruzados e os muçulmanos. Durante o cerco de Saint-Jean-d'Acre, por exemplo, organizavam-se torneios entre Ricardo, Coração de Leão, e Saladino como se organiza um jogo entre o Olympique de Marselha e o Milan. Pouco a pouco, conheceram-se, respeitaram-se. Em suas *Memórias,* um senhor muçulmano da Síria diz: "Os francos não são tão maus assim. Evidentemente, eles têm seus costumes: por exemplo, levam sua mulher aos banhos turcos; isso não é conveniente, mas, definitivamente, são pessoas de bem, têm seu senso de honra". Os cristãos que não eram fanáticos pensavam a mesma coisa.

✠ *A existência do vasto Santo Império Romano-Germânico não criou o sentimento de uma comunidade?*

Jamais a Europa esteve tão unida quanto nos séculos XII e XIII, e essa unidade devia-se ao fato de que os europeus daquele tempo tinham o sentimento de constituir um só povo, o povo cristão, o qual, no plano institucional, era enquadrado por dois poderes superiores de controle: o do papa e o do imperador. As pequenas regiões, invejosas umas das outras, eram extremamente divididas; porém, também reunidas num conjunto que as englobava. Por exemplo, lendo uma crônica escrita em Amboise, no século XII, percebemos que as pessoas dessa região tinham consciência de formar uma nação e viam, à sua frente, os povos de Angers e de Blois constituírem uma outra. Existia um grande número de dialetos locais, mas, mesmo assim, as pessoas se entendiam. Quando São Domingos, um espanhol, vai pregar na Alemanha, todos o compreendem. A cristandade latina constituía a comunidade essencial, cujo arcabouço era a Igreja, centralizada com universidades, onde o mesmo saber era dispensado a um público superabundante, numa língua comum: o latim. Por seu lado, a aristocracia era unida pelas alianças matrimoniais. Entretanto, a partir do século XIII, pelo efeito do crescimento material, os Estados fortaleceram-se. As guerras intra-europeias multiplicaram-se e o nacionalismo, esse veneno, começou a infectar a Europa. A guerra quase se tornou permanente. As pessoas viveram a Guerra cios Cem Anos como uma guerra perpétua contra os ingleses, inimigos que não se podiam suportar, porque eram invasores. Mas já se estava no fim da Idade Média.

✠ *Quando se evoca, hoje, o medo do outro, pensa-se em todas as populações que estão em nossos portos, na África, no Leste, e esse medo é o de uma imigração maciça...*

No século XIII, acredita-se sempre que o povo de Deus deve ser depurado dos corpos estranhos e funestos, cuja presença espalha a infecção entre os fiéis. São tomadas medidas de exclusão, particularmente contra os judeus, tidos como culpados da morte de Cristo. "O rei do Egito preocupa-se com seus súditos pela multiplicação dos judeus." Bíblia latina da Abadia do Monte Saint-Éloi, século XIII (f.16 r.: O Êxodo). Arras, Biblioteca Municipal.

A grande diferença com relação à Idade Média é que a Europa da época feudal não era como hoje uma região pouco povoada, cercada de espaços exteriores muito cheios, suscetíveis de precipitar-se sobre ela. Era o inverso. A Europa estava em plena progressão demográfica, em plena expansão; era ela que transbordava. De fato, muito rapidamente a Europa estendeu-se para o leste, até os confins do Báltico, pela cristianização das tribos eslavas, pagãs. Ela estendeu-se em direção ao sul, pela reconquista da Espanha, a liberação do sul da Itália, da Sicília, a instalação, por um momento, no Magrebe. Houve, até mesmo, uma tentativa de expansão mais longínqua, para Constantinopla, que foi conquistada, e para a Terra Santa, a Síria e a Palestina. Os europeus daquele tempo jamais se sentiram em situação de ser submersos por uma onda demográfica vinda de outro lugar, exceto diante das hordas mongóis que vinham dos confins da Ásia e traziam consigo o terror.

in de[..]o in egypto. Incip
oreoe exodus dicitur. L
et sun
us [..]l
egyp
hili
inno
symo
ysad

beniamin: dm. 7 nepta
erant igitur omnis aie eor. q̃
femore iacob. lxx. Joseph.
erat. Quo mortuo. 7 uniu
omniq; cognatione sua: fil

✠ *A xenofobia contemporânea integra o temor de uma perda de identidade cultural. Esse sentimento existia na Idade Média?*

Nesse aspecto, ainda, há uma grande diferença. A Europa da expansão, a Europa do ano 1000, juvenil, que se lançava à conquista de outras partes do mundo, estava em estado de inferioridade, em comparação às civilizações do sul, bizantina e islâmica. A Europa não teve como se defender contra a contaminação de uma cultura estrangeira. Ao contrário, nutriu-se das culturas que, muito mais ricas, estavam ao seu redor. O desenvolvimento intelectual e técnico da Europa do século XII baseia-se naquilo que os conquistadores cristãos encontraram nas bibliotecas árabes de Toledo ou de Palermo. Os árabes tinham reunido o legado da ciência e da filosofia gregas, que os romanos tinham desprezado, e foi em seus livros que os europeus descobriram Euclides, Aristóteles, a Medicina, a Lógica, a Astronomia, Ptolomeu. Esses conquistadores lançaram-se sobre esse tesouro como nós o fazemos sobre alguns produtos da cultura americana. A Europa era, então, vigorosa o bastante para criar sua própria cultura com o que ela tomava de outros lugares.

✠ *O mundo estrangeiro era tão desejável. Constantinopla, por exemplo, atraía os europeus...*

Certamente, e também a Espanha. O Mediterrâneo era um mundo maravilhoso. Os cruzados não se teriam lançado com tanto entusiasmo numa aventura tão perigosa se não soubessem que, ao término da viagem, encontrariam mulheres magníficas, perfumes, sedas, pérolas. Haviam partido fascina-

Aos poucos, os cristãos da Europa instalados no Oriente e os nativos muçulmanos aprenderam a se conhecer melhor, e a diplomacia substituiu, muitas vezes, a guerra.
Duelo entre um cruzado e um mouro. Vercelli, mosaico proveniente da Igreja Sainte-Marie-Majeure.

dos por essa miragem, mas a maioria não voltou. Nesse caso, os papéis estavam invertidos. Os europeus eram os invasores. Quando o imperador de Constantinopla viu chegarem os primeiros cruzados, teve muito, muito medo. Nós éramos os bárbaros.

✠ *O medo do outro era também o medo em relação ao marginalizado...*

Naquela sociedade havia, evidentemente, excluídos, gente que não podia suportar o enquadramento, porque essa sociedade revelava-se extremamente granulosa, aglutinante. Consequência: o indivíduo era completamente envolvido por uma comunidade da qual não podia desvincular-se. Havia pessoas que não podiam suportar esse aprisionamento e decidiam ir embora. Distinguiam-se, assim, nos campos as pessoas do vilarejo e as dos bosques, estas últimas instaladas na floresta que ocupava tanto lugar na paisagem. Era o lugar da liberdade, da independência, um espaço povoado de gente que vivia de maneira mais pobre, mas que gozava do grande privilégio de ser livre e independente. Havia, portanto, marginalizados, que existiam igualmente nas cidades e causavam medo aos que se satisfaziam em viver em comunidade fechada. Quanto a isso, também, as crônicas fornecem-nos testemunhos muito esclarecedores: um senhor, o conde de Anjou, vai à caça. Essa é a principal ocupação de todos os senhores feudais, dos reis da França, como os outros. Ele se afasta de seus companheiros, perseguindo um animal selvagem, e se perde na floresta. No seu caminho, encontra um homem completamente negro, todo peludo, que fede como a um javali. É um carvoeiro que vive na floresta. Primeira reação do conde: o medo. Ele está prestes a matá-lo ou a lutar com ele, mas sem estar certo de vencê-lo. Depois, contém-se, pede-lhe que indique o caminho certo e partem juntos. Ao longo do caminho, o conde de Anjou

O homem medieval vive no seio de uma família, de um grupo, e os solitários são suspeitos, considerados loucos ou criminosos. Os únicos marginalizados que constituem exceção são os eremitas, sábios que tiveram a coragem de retirar-se para os confins das florestas, a fim de expiarem seus pecados. *La vie des pères,* século XV (manuscrito 5216, fl.15). Paris, Biblioteca do Arsenal.

interroga o "selvagem" que o acompanha: "Que é que tu pensas desse indivíduo, o conde de Anjou aí, que nos domina, o que é que tu achas? Acreditas que ele é uma pessoa de bem?". E o outro diz-lhe: "Sim, ele é bom, mas por que nos impõe tantos impostos, e por que não faz todos os coletores de impostos devolverem o que usurparam?". Percebemos, aqui, o movimento de recuo diante do homem dos bosques, que aparece como um ser perigoso, mas que é também o bom selvagem, para quem nos voltamos para tentar ver um pouco mais claro. Esse também era o caso dos eremitas que se retiravam para as florestas. Nos romances de cavalaria, o eremita desempenha o papel do personagem sábio que reconcilia, que apazigua. Aquele que Tristão e Isolda encontram na floresta, quando se perderam e marginalizaram-se para viver seu amor na independência, diz-lhes: "Não, isso não está certo, é preciso...". É ele que os tira, aos poucos, de seu pecado. Eis o que são os marginalizados.

✠ *Alguns grupos sociais eram mais bem--protegidos na época medieval do que agora?*

Na Idade Média, não se enclausuravam os loucos. Como nos países islâmicos, estava presente a ideia de que o louco é o homem de Deus, um ser que participa, por algum viés, do conhecimento das coisas invisíveis. É preciso, portanto, respeitá-lo, sem o isolar. Acrescento, enfim, que tampouco os idosos eram encarcerados para morrer em asilos como hoje. As pessoas terminavam sua vida no interior do grupo, no seio da família. Elas não eram afastadas, como em nossa sociedade, para ir morrer longe do olhar dos outros.

Codex Calixtinus, século XII
(manuscrito, f.162 v.)
Santiago de Compostela,
arquivos da Catedral.

O medo
das epidemias

Os pintores representavam os surtos da peste por uma chuva de flechas mortíferas. Assim, nessa pintura feita por volta de 1424, Cristo envia do alto do céu as flechas da peste que atingem precisamente os corpos nos locais onde aparecem os bubões. *Le Christ lançant les flèches de la peste*, pintura em madeira, anônima, 1424. Hanover, Niedersachsisches, Landesmuseum.

É o.fogo do mal dos ardentes que queima as populações do ano 1000. Uma doença desconhecida que provoca um terror imenso. Mas o pior está por vir: a peste negra devasta a Europa e ceifa um terço de sua população durante o verão de 1348. Como a Aids para alguns, essa epidemia é vivida como uma punição do pecado. Então, procuram-se bodes expiatórios e encontram-se os judeus e os leprosos, acusados de envenenar os poços. As cidades

Os anos 80 viram alastrar-se a Aids, essa nova peste. Alguns certamente pensaram que o céu punia assim o pecado. Em todo caso, diante do novo mal, os reflexos de outrora são despertados: o medo dos outros. O dia do desespero, organizado por *ActUp*, em 21 de maio de 1994.

isolam-se, proibindo a entrada ao estrangeiro suspeito de trazer o mal. A morte está em toda a parte, na vida, na arte, na literatura. Contudo, os homens desse tempo temem muito uma outra doença, a lepra, considerada o sinal distintivo do desvio sexual. Nos corpos desses infelizes refletir-se-ia a podridão de sua alma. Então, os leprosos são isolados, enclausurados. Uma rejeição radical que evoca algumas atitudes em relação à Aids.

✠ *Hoje em dia, o mundo ainda teme demasiadamente as epidemias. Em relação a elas, o que ocorria no ano 1000?*

É preciso, primeiro, lembrar que o estado sanitário era comparável ao da África negra em 1900. A população tinha defesas contra os miasmas por seu sistema imunológico e talvez fosse mais bem-defendida do que nós contra as infecções. Em compensação, ela estava desprovida quanto aos meios de curar, e alimentava-se mal. A epidemia que preocupa os cronistas do ano 1000 era o mal dos ardentes, o fogo de Santo Antônio. Sabemos hoje que é uma doença carencial, provocada pelo consumo do esporão do centeio presente na farinha. Em 997, um cronista descreve-a desse modo, dramatizando: "É um fogo dissimulado que ataca um membro, que o consome, que o separa do corpo. A maioria dos homens, no intervalo de uma noite, é completamente devorada por essa combustão medonha". Não se sabia sua causa, nem seu remédio. Então, tentava-se tudo. O cronista conta que os bispos da Aquitânia reuniram-se numa pradaria perto de Limoges. Haviam levado as relíquias dos santos, o corpo de São Marcial e muitos outros. E, repentinamente, o mal cessou. Tudo isso é muito significativo. Diante de um mal desconhecido, o terror é imenso. O único recurso é o sobrenatural. Reivindica-se a graça do céu e retiram-se de suas tumbas os santos protetores. Um pouco mais tarde, em Paris – invadida por uma doença desconhecida à qual não se sabia curar –, carregou-se pelas ruas o relicário de Santa Genoveva. Ondas de mortalidade grassavam e refluíam tão misteriosamente como haviam aparecido, não pela interceção de

São Marcial, mas porque o corpo humano aprendera a defender-se. Epidemias, portanto, mortes, muitas mortes, durante alguns dias ou alguns meses, mas não se pode falar em catástrofes sanitárias antes do século XIV. Nesse momento, sobrevém um acontecimento considerável, as devastações assustadoras, por toda a Europa, da grande peste, a peste negra.

✠ *Como se desenvolveu a peste através da Europa?*

Ela era transmitida essencialmente pelos parasitas, principalmente as pulgas e os ratos. Era uma doença exótica, contra a qual os organismos dos europeus não tinham defesas. Veio da Ásia pela rota da seda. Veja: a epidemia, essa catástrofe, é, portanto, também um dos efeitos do progresso, do crescimento. O comércio europeu desenvolvera-se, os negociantes genoveses e venezianos partiam para negociar até os confins do Mar Negro e lá entravam em contato com os mercadores vindos da Ásia. Foi da Crimeia, onde entrepostos genoveses estavam instalados, que um ou mais navios trouxeram o germe da peste para o Mediterrâneo. Primeiramente, eles fizeram escala na Sicília, e o sul da Itália foi atingido no início de 1347. A seguir, a doença introduziu-se em Avignon, através de Marselha. Ora, Avignon, em 1348, era a nova Roma. O papa ali residia. E você sabe que, se todos os caminhos levam a Roma, todos dela também partem. De

Páginas seguintes.
Nas cidades devastadas
pela peste, não é mais possível
enterrar os mortos.
Eles são jogados, sem mesmo
uma mortalha, em valas
cavadas às pressas.
La Peste à Louvain en 1578.
Anônimo.
Louvain, Museu da Comunidade.

"Vi dois que se sentavam entreapoiados
como uma panela contra a outra,
colocadas sobre a brasa, da cabeça aos pés
cobertos de crostas... como cada qual
aumentava suas feridas com as unhas,
pelo grande furor com que a sua pele
comichava impiedosamente."
Dante, *A divina comédia*, Inferno,
canto XXIX.
Escola Veneziana, século XIV.
Veneza, Biblioteca Nacional Marciana.

Avignon, a doença espalhou-se, de uma maneira
fulminante, por quase toda parte. Digo quase, porque houve algumas províncias poupadas, mas não
muitas. Temos a impressão – não podemos fazer
estatísticas – de que, durante o verão de 1348, entre os meses de junho e setembro, um terço da
população europeia sucumbiu. Imagine, atualmente,
a região parisiense: doze milhões de habitantes;
um terço, ou seja, quatro milhões de mortos em

Hipócrates afirmava que os miasmas infectam o ar, sendo preciso acender fogueiras nas ruas, para destruí-los. Recorreu-se, assim, à chama purificadora, totalmente inútil em tempo de peste. Hipócrates, gravura da página de rosto das *Obras completas*.
Veneza, 1588.
Paris, Biblioteca da Antiga Faculdade de Medicina.

três meses! Não se sabia mais onde colorá-los. Um dos problemas era enterrá-los. Não havia mais madeira para fazer os caixões. Como resistir? Temos testemunhos de médicos, pois já havia, naquela época, uma medicina e uma cirurgia de grande qualidade. Estes tinham uma ideia dos mecanismos da contaminação. Sabiam que o ar viciado propaga os miasmas. Portanto, eles recomendavam queimar ervas aromáticas nas ruas.

Mas eles não sabiam que era necessário defender-se contra as pulgas. As categorias sociais mais poupadas foram, portanto, as que viviam em melhores condições de higiene, isto é, os ricos. Mas, no convento de Montpellier, por exemplo, onde se lavavam pouco, os franciscanos eram 45 e morreram todos. Nada era comparável a esse choque terrível da peste de 1348, salvo, talvez, a invasão mongol ou a Aids num país da África negra.

✠ *Quais foram as consequências da peste negra?*

Quando um terço ou a metade da população desaparece subitamente, as consequências sociais e psicológicas são gigantescas. Os que permanecem são muito menos numerosos para repartir o bolo, as heranças, as fortunas. A epidemia determinou uma elevação geral do nível de vida. Ela livrou a Europa de um aumento de população. Durante meio século, a peste permaneceu no estado endêmico, com retornos em quatro ou cinco anos, até por volta de 1400, quando o organismo humano finalmente desenvolveu anticorpos que lhe permitiam resistir. A cada trégua, a vida recomeçava ainda com mais intensidade. Durante os anos da peste, os arquivos dos notários ficam repletos de testamentos e, logo que a doença entra em remissão, de contratos de casamento. Na minha opinião, é no campo cultural que as repercussões do choque são mais visíveis. O macabro instala-se na literatu-

O livro de contas de Siena para 1437 lembra a passagem da peste de junho a dezembro, sobre a qual os cronistas dizem que "provocou uma grande mortalidade e muitos citadinos dela morreram". Giovanni di Paolo representou a peste por este monstro hediondo lançando flechas. *Le triomphe de la mort*, detalhe de uma iluminura atribuída a Giovanni di Paolo (f.164 r.), por volta de 1431 ou 1450. Siena, Biblioteca Municipal.

ra e na arte. Propagam-se imagens trágicas, o tema do esqueleto, da dança macabra. A morte está em toda parte.

✠ *Podemos estabelecer um paralelo entre o medo da peste e o da Aids?*

Se nos perguntarmos sobre o que pode aproximar os medos atuais e os medos de outrora, talvez seja neste aspecto que encontremos a correspondência mais próxima. Porque, da mesma forma que a Aids, a epidemia, em geral, e a peste negra, em particu-

Sendo a peste considerada uma punição divina, procuram-se bodes expiatórios. Os judeus e os leprosos, cristalizando os medos latentes, sofreram um desencadeamento de violência.
"Abominável retrato de Aldrui d'Orsa, infame responsável pela pestilência de Milão."
Frontispício da sentença do processo contra os propagadores, durante a peste de Milão, em 1631.

lar, foram consideradas como uma punição do pecado. Na desordem, procuravam-se responsáveis e bodes expiatórios: eram os judeus e os leprosos. Dizia-se que eles tinham envenenado os poços. Houve um desencadeamento de violência contra os que apareciam como os instrumentos de um Deus vingativo, que fustigava suas criaturas lançando sobre elas a doença.

✠ *Essas doenças engendraram algum progresso nas técnicas terapêuticas? Um outro olhar foi dirigido aos doentes?*

A respeito do mal dos ardentes, não creio que tenha havido progressos terapêuticos. Com relação à peste negra, não diria a mesma coisa. Entrevemos algum progresso dos conhecimentos médicos. Surge, principalmente, uma retomada dessa vontade de ir em auxílio aos que sofrem. As pessoas apresentavam-se como voluntárias para enterrar os mortos, tratar dos doentes. Sabiam muito bem que arriscavam sua vida, mas o faziam. Os laços de solidariedade estreitaram-se diante da calamidade.

✠ *A peste ocasionou uma melhor higiene?*

Aparentemente não. Mas a população, no século XIII, era mais limpa do que no século XVII. Os companheiros de São Luís lavavam-se mais frequentemente do que os de Luís XIV. Houve progresso na higiene, no século XIV, como consequência da elevação do nível de vida, quando se adquiriu o hábito de usar peças íntimas, roupas que se lavam. Porém havia parasitas. É difícil proteger-se disso! Toda uma fauna parasitária coexistia com a espécie humana e esse ecossistema homens-animais favorecia o contágio.

✠ *Como as pessoas se informavam sobre o desenvolvimento de uma epidemia? Sabiam, por exemplo, que a peste chegara ao continente europeu antes que ela atingisse sua região?*

Certamente. Pois essa população era muito móvel. Soube-se muito cedo em Avignon que as pessoas, em Marselha, morriam como moscas. Fechavam-se, então, as portas das cidades. As pessoas se protegiam, enclausurando-se. É isso que fazem os jovens que Boccaccio imagina no *Decameron*. A peste arrasa Florença, alguns rapazes e moças de boa família isolam-se numa propriedade campestre e esperam, divertindo-se, que a epidemia termine. Até o século XIX, as pessoas se protegiam encarcerando-se. Leia Giono, que se informara muito com a epidemia de cólera de 1832, no *Le hussard sur le toit*. É a mesma coisa. As cidades isolavam-se, evitava-se o estrangeiro, suspeito de trazer com ele a corrupção.

✠ *Existiam autoridades que aconselhavam as populações?*

Conservamos os registros de deliberações das assembleias municipais nas cidades e nos vilarejos do sul da França, onde já existiam, no século XIV, organismos responsáveis pela vida coletiva. Vemos que os conselhos municipais da época tomaram medidas para lutar contra a invasão da doença. Mas tratava-se, principalmente, de fechar-se atrás dos muros e proibir a entrada dos estrangeiros.

✠ *A lepra era uma doença à parte? É somente o medo do contágio que faz que se isolem os leprosos?*

Chamava-se "lepra" a muitas doenças. Toda erupção pustulenta, a escarlatina, por exemplo, qualquer afecção cutânea passava por lepra. Ora, havia, com relação à lepra, um terror sagrado: os homens daquele tempo estavam persuadidos de que no corpo reflete-se a podridão da alma. O leproso era, só por sua aparência corporal, um pecador. Desagradara a Deus e seu pecado purgava através dos poros. Todos acreditavam, também, que os leprosos eram devorados pelo ardor sexual. Era preciso isolar esses bodes. Portanto, a lepra, mal a que não se sabia tratar, parecia, como a Aids pôde sê-lo na atualidade, o signo distintivo do desvio sexual.

✠ *De fato, o paralelo entre o medo de ontem e o de hoje, relativo às epidemias, parece mais pertinente com a lepra...*

Efetivamente, enclausuravam-se os leprosos como Le Pen sugeriu encerrar os aidéticos. Mas Francisco de Assis encontrou Cristo num leproso que cruzou o seu caminho e que ele tomou em seus braços. Sabemos que mulheres piedosas, no norte da França, consagravam sua vida a banhar os leprosos, a ocupar-se deles. Em torno de cada leprosário vivia um grupo de cristãos exaltados pela compaixão. Enfim, essa doença propagava-se de uma maneira mais imparcial do que a peste. Ela não atingia somente os pobres. Existiu até mesmo um rei leproso, o rei Balduíno de Jerusalém.

A peste em Roma.
Os irmãos Limbourg pintaram
estas iluminuras representando a vida
de São Gregório, por volta de 1410,
para *Les belles heures* de Jean,
duque de Berry. Esta estada em Bourges,
na corte do duque, foi-lhes fatal:
os três morreram no início
do ano de 1416, alguns meses
antes de seu protetor.

O papa Gregório anuncia,
do alto do púlpito de
São João de Latrão, sua decisão
de organizar uma grande procissão.

Depois, vemos o papa chegar diante do
mausoléu de Adriano (que terá mais
tarde o nome de castelo
de Sant'Angelo).

A terceira iluminura mostra os membros de uma seita de flagelação, a qual, no entanto, não existia naquela época.

Na quarta, uma cova comum ao pé do castelo de Sant'Angelo recebe muitos cadáveres. Iluminuras dos irmãos Limbourg, *Les belles heures de Jean de Berry*, 1410. New York, The Metropolitan Museum of Art, The Cloisters Museum.

✠ *Em meados dos anos 80, quando a Aids não era ainda bem conhecida, as comunidades homossexuais e os toxicômanos foram inculpados. Hoje em dia, percebe-se que surgem novas solidariedades em torno dessa doença...*

Acredito muito mais num ímpeto de generosidade, de ajuda mútua diante da Aids do que diante da miséria material. Na inquietação, alguns tabus caem. Ainda que apareçam, dissimuladamente, reflexos de autodefesa, de recuo, de medo do doente, o desejo perverso de afastá-lo.

Os homens da Idade Média
chamavam de "lepra" todas
as doenças cutâneas.
Rejeitados e enclausurados, os leprosos
tinham a fama de ser devorados pelo ardor
sexual.
Miroir de l'humaine salvation:
"Guérison de Naaman le lépreux"
e "Passage du Jourdain".
Flandres, século XV.
Chantilly, Museu Condé.

O medo
da violência

A sociedade refinada da pré-Renascença é também a das grandes violências e das grandes crueldades. Elas são descritas na obra de Boccaccio. Boccaccio, *Le livre des nobles hommes et femmes* (f.190 r.). Iluminura francesa, século XV. Chantilly, Museu Condé.

A sociedade medieval vive, morre e se diverte com uma grande brutalidade. Os camponeses preferem ver os cavaleiros partirem em cruzada ou matarem-se nos torneios a vê-los saquear as colheitas e espoliar os vilarejos. Pois a grande insegurança no ano 1000 é sustentada por esses bandos de cavaleiros, jovens nobres sem vínculos, obrigados a se lançarem à aventura para sobreviver. De exações em exações, são considerados, nos campos, os

A violência aflora no cotidiano das grandes cidades periféricas, essas terras de ninguém.

agentes do demônio. A Igreja, arcabouço principal da sociedade, tenta estabelecer uma ordem menos selvagem e procura convencê-los, antes, a ajudar Deus a manter a paz na terra, do que semear o terror. Os bandos de soldados aventureiros tomam seu lugar quando se desenvolvem as guerras entre Estados. Violências, no entanto, menos destruidoras do que as carnificinas contemporâneas de Verdun a Stalingrado.

✠ *O medo da violência,
da insegurança é
dominante em nossa
época. Ele existia na
Idade Média?*

Na Idade Média, a morte, tal como a dor física, contava pouco. Quando lemos os poemas, os romances escritos para distrair os nobres, surpreendemo-nos com a selvageria que evocam. Quanto ao esporte, era a guerra, ou esse simulacro da guerra que era o torneio. Um torneio não era absolutamente o que mostra o cinema, dois cavaleiros que, tranquilamente, diante dos espectadores, afrontam-se de uma maneira cortês. Imagine, de preferência, duas multidões vociferantes que se lançavam uma contra a outra e que apenas pensavam em apoderar-se, pela força, do adversário, de seus cavalos, de suas armas. Elas se batiam violentamente. Esses encontros desportivos faziam tantas vítimas que a Igreja tentou, em vão, proibi-los, desejando que os combatentes não se massacrassem uns aos outros e que sobrassem alguns para fazer a guerra aos inimigos de Cristo. Esses torneios desempenhavam, de fato, o papel de exutório numa sociedade extremamente brutal.

✠ *Quem são os principais
responsáveis pela
violência?*

A insegurança, nos séculos XI e XII, no território francês, vinha principalmente dos cavaleiros, dos bandos militares. O povo camponês considerava-os agentes do demônio. Tentou-se impedir que os cavaleiros causassem o mal, precisamente no ano 1000. As crônicas da época mencionam o que se chamou a "paz de Deus", uma tentativa, mais ou menos exitosa, de acabar com a violência da cava-

Diante da violência e da insegurança provocadas pelos cavaleiros, a Igreja e os príncipes
mobilizaram-se, no ano 1000, para estabelecer a "paz de Deus", limitando estritamente a atividade militar.
Froissart, *Chroniques*, v.1, século XV (manuscrito francês 86, f.1).
O autor em sua escrivaninha, escrevendo diante de uma cena de batalha. Paris, Biblioteca Nacional.

laria. Reuniam-se os militares em assembleias, em torno dos relicários. Os bispos e os príncipes diziam-lhes: "Se não quiserdes ser condenados, prestai juramento, engajai-vos, perante Deus e por vossa alma, a respeitar algumas proibições. Podeis matar-vos entre vós, mas não mais devereis, doravante, brigar nos arredores das igrejas, locais de asilo onde qualquer um pode refugiar-se. Não podereis brigar em determinados dias da semana, em memória à Paixão de Cristo. Nada de guerra na sexta-feira, portanto, nem no domingo. Além disso, não devereis atacar as mulheres, não as nobres, em todo o caso, nem os comerciantes, os padres e os monges". Disso resultou uma espécie de codificação da guerra que relegava a violência a espaços limitados, nos quais os guerreiros podiam lutar entre si, e esperava-se, vagamente, aliás, que acabassem por exterminar-se uns aos outros.

A representação do jardim dos suplícios recapitula todas as formas de violência que ameaçavam a sociedade da Idade Média. Boccaccio, *Le livre des hommes et femmes nobles* (f.190 r.: assassinato, enforcamento, fogueira). Iluminura francesa, século XV. Chantilly, Museu Condé.

✠ *Esses cavaleiros eram "destinados" a semear a violência?*

É preciso reportar-se aos costumes matrimoniais da nobreza daquele tempo. A riqueza era a terra e temia-se ver o patrimônio esfacelar-se em decorrência de herança. Nas famílias, casava-se, portanto, um único jovem. Todos os outros – havia muitos deles, pois a mortalidade infantil era menor entre os ricos do que entre os pobres – deviam permanecer sem mulher legítima, sem vínculos. Durante toda sua vida, eles eram obrigados a correr em bandos à aventura, e a aventura – a palavra é da época – era militar, assoladora. Logo, a violência grassava por toda a parte. Os homens de guerra viviam dispersos no país e isso durou muito tempo, até o fim do Antigo Regime. Aliás, vemos bem isso em algumas regiões da África ou da Ásia atuais: desde o instante em que uma força militar não está mais enquadrada por uma força política eficaz, ela tende a tornar-se devastadora.

Com o desenvolvimento, a passagem de uma economia agrária para uma economia monetária, a riqueza tornou-se, aos poucos, mais fluida. Repartia-se mais facilmente a herança, e a restrição ao casamento dos jovens atenuou-se. A partir do século XIII, a violência é menos difusa, mas toma uma outra forma, a da guerra entre os Estados que se fortaleceram. O risco que representava a cavalaria é, então, substituído pelo dos soldados aventureiros, das companhias de mercenários constituídas por marginais, de fortes equipes reunidas sob o comando de um capitão que negociava com os chefes de Estado, engajando-se a alto preço nessa

ou naquela expedição militar. Essas pessoas comba-
tiam a pé, e não com espada, mas com armas ignó-
beis, lanças e machados. Esses profissionais da guerra
eram extremamente eficientes, particularmente perigosos para o povo quando estavam desemprega-
dos: eles viviam na região, devastando-a. Foram vistos, por sua vez, como agentes do diabo. A Igreja
condenou-os, foram perseguidos como hereges, mas
os príncipes não podiam dispensá-los e eles ocupa-
ram a França durante a Guerra dos Cem Anos. Entretanto, as violências da guerra eram infinitamente
menos destrutivas do que nossos conflitos contemporâneos. Nada comparável, na Idade Média, com as
carnificinas de Verdun ou de Stalingrado.

✠ *Quais eram as forças*
policiais, as forças de
controle dessa violência?

O que limitava a violência era o poder da Igreja,
que procurava restabelecer a paz, a despeito de
todos os obstáculos, porque essa paz é um reflexo,
na terra, da Jerusalém celeste, da ordem perfeita
que reina no céu. Os reis, personagens sagrados,
eram os representantes de Deus na terra, Perten
cendo, em parte, à Igreja pelo rito da sagração, eles
tinham como responsabilidade essencial manter a
paz e a justiça. Era isso que prometia o rei, quando
era sagrado em Reims: proteger a Igreja e seu povo
contra as violências. Esse era seu papel, sua função, e o rei dedicava-se a exercê-lo como podia.

Cavaleiros e, depois, bandos
de soldados aventureiros aterrorizam
a população.
Bíblia historiada de
Guiars des Moulins e
Pierre Comestor, fim do século XIII
e início do século XIV (manuscrito 49,
f.136 v.: soldados combatendo
e mutilando os prisioneiros).
Montpellier, Museu Atger.

A arte dos mosteiros,
no século XII, conclama à luta contra
as sensações, a fim
de tornar-se mais puro.
Cavaleiros cruzados representando
o combate da Generosidade
e da Caridade contra a Avareza,
derrotada.
Clermont-Ferrand,
coro de Notre-Dame-du-Port.

Quando o Estado reconstitui-se, no tempo de São Luís, consegue restringir um pouco a agressividade dos militares. Mas era a Igreja que formava o arcabouço principal da sociedade. Ela desempenhou um papel pacificador, ameaçando os que perturbavam a paz com a punição no além, sacralizando o ofício militar, impondo aos guerreiros uma moral da devoção, transformando a cavalaria em uma ordem quase religiosa. A realidade da cavalaria era algo bastante sinistro. Homens cuja principal distração era perseguir animais selvagens e lançarem-se uns contra os outros. A Igreja, ao menos, trabalhou com todas as suas forças, a partir do século XII, para persuadi-los de que cada um deles, quando recebia sua espada que fora abençoada e depositada sobre o altar, recebia também uma missão que era a do rei: empregar suas armas para que reinasse a justiça. Cada cavaleiro era um pequeno rei e era obrigado a ajudar Deus a manter a paz na terra com sua espada, em vez de servir-se dela para espoliar os pobres.

✠ *Essa empreitada, que visava transformar bandidos em guerreiros devotados, teve sucesso?*

Podemos falar de êxito, porém parcial, como todos os sucessos humanos, no século XIII. São Luís representou o exemplo do perfeito cavaleiro. Evidentemente, ele sonhava enterrar sua espada no ventre dos judeus e muçulmanos, mas não no dos cristãos.

Para os cavaleiros, a guerra e, seu simulacro, o torneio eram esportes excitantes, mas singularmente cruéis. Nos romances em que são encenados, vê-se frequentemente o herói Lancelot derrubar seu adversário do cavalo e decepar-lhe a cabeça, oferecendo-a às donzelas. "Percival et Lancelot attaquent Galaad."
Roman de Saint Graal, século XV (manuscrito 527, f.81). Dijon, Biblioteca Municipal.

✠ *A cavalaria era também uma empreitada de banditismo, para empregar um termo contemporâneo?*

No início, no século XI, com toda certeza... O que é o feudalismo? Uma disseminação de castelos. Em cada um deles, um senhor, responsável pela ordem em torno da fortaleza. Para tanto, mantém um bando de 20, 30 homens de guerra com seus cavalos. E que fazem eles? Defendem a região, mas a exploram, tentam tirar dela tudo o que podem. Só os detém a ideia de que, se eles tomam demais, o capital será dilapidado. Os camponeses resistem. Dissimulam sua pouca riqueza. Estabelece-se, assim, um equilíbrio entre a rapacidade do grupo senhorial e a capacidade de autodefesa dos camponeses.

✠ *Como, exatamente, os camponeses podiam defender-se contra essas exações? Eles se armavam?*

Com certeza. Os vilarejos, nas regiões de habitat gregário, na maior parte do tempo eram fortificados, cercados por uma espécie de muralha. A população, agrupada atrás do presbitério da paróquia, se armava e se defendia contra as agressões. A revolta camponesa que irrompeu em Île-de-France, na metade da Guerra dos Cem Anos, não foi uma revolta de pobres, como frequentemente se acredita, mas uma revolução de camponeses ricos exasperados por serem aniquilados pelos homens da guerra. A guerra já durava cinquenta anos no país. Eles estavam fartos dessas exações. Armaram-se e lançaram-se sobre os nobres, os cavaleiros, que eram os instrumentos da desordem.

✠ *Ao lado dessa violência militar nos campos, existia uma criminalidade urbana?*

O banditismo existia, certamente. Entre os migrantes miseráveis que evocávamos, uma parte vivia de malversações múltiplas. Não possuímos muitas indicações antes dos séculos XIV e XV, quando podemos começar a fazer uma história da criminalidade. Ela parece relativamente baixa em comparação à que grassa nas grandes metrópoles modernas. As pessoas eram violentas, brigavam entre si, mas cometiam menos roubos do que se poderia acreditar. Outras espécies de violência desenvolviam-se nas comunidades urbanas. Havia muitos jovens solteiros nas cidades no fim da Idade Média. Esses jovens frequentemente se reuniam em associação, a associação da juventude com um chefe à sua frente. Era um bando, institucionalizado. Existia apenas uma dessas em cada cidade, e ela tinha alguns privilégios. Assim, esses jovens podiam, em alguns momentos, liberar sua libido na cidade mesmo. Eles eram autorizados a isso. As mulheres em situação marginal, mal integradas à família, eram as principais vítimas. O rito principal nessas associações da juventude era o estupro, o estupro coletivo.

✠ *Todas essas violências ameaçavam desestruturar totalmente a sociedade da época?*

Não. As estruturas da sociedade eram suficientemente sólidas para conter a violência, para sufocar os germes de discórdia. A maioria dos conflitos acertava-se entre vizinhos, ou no seio da família.

A Igreja trabalha para conter
a violência dos cavaleiros.
Quando estes empunhavam sua espada,
que havia sido abençoada e depositada
sobre o altar, recebiam uma missão,
que era a do rei: empregar essa
arma para que reinasse a justiça.
Cavaleiro simbolizando a guerra.
Apocalipse, século XIII
(manuscrito do norte da França).
Cambrai, Biblioteca Municipal.

Evidentemente, algumas atitudes ele violência eram aceitas. O marido, por exemplo, podia bater em sua mulher com violência, eventualmente matá-la, se fosse adúltera, queimá-la... Mas, quando consideramos essa sociedade em seu conjunto, ela é vista como muito menos convulsiva do que a nossa, menos atormentada pelo distúrbio interno que engendra a criminalidade. As forças de conciliação que existiam no interior de todos esses núcleos, nos quais o indivíduo achava-se extremamente integrado, formavam um freio à erupção das libidos agressivas.

O texto do Apocalipse de João descreve os flagelos que se abaterão sobre a humanidade, com a aproximação do fim do mundo. Essa imagem, que apresenta as atribulações anunciadas, ilustra o comentário que o monge espanhol Beatus de Liebana redigiu em 975. Gerona, Catedral.

✠ *Que lição tirar disso hoje?*

Os que tentam, atualmente, resolver, na França, os problemas urbanos teriam, provavelmente, interesse em examinar de perto como funcionavam, na sociedade da Idade Média, essas associações da juventude, das quais eu falava. Autorizavam-se algumas coisas, mas não tudo. Institucionalizar o bando, nos atuais arrabaldes, dar-lhe uma verdadeira estrutura, controlável, seria, talvez, uma das soluções.

✠ *Nesse catálogo da criminalidade e das violências, a prostituição era suscetível a desencadear algumas violências?*

A prostituição era muito bem organizada, numa sociedade que contava com muitos celibatários, todo o clero, primeiro, e, depois, todos esses jovens que se casavam tarde. Todo o mundo considerava que era preciso um exutório para suas necessidades sexuais. As casas de prostituição eram gerenciadas pelas municipalidades, de forma totalmente oficial e, particularmente, não se produzia violência.

✠ *Qual era a natureza do castigo, quando os criminosos eram presos? Existiam respostas legais, da parte da sociedade?*

A brutalidade e a selvageria dessa civilização revelam-se na maneira de punir os crimes. O castigo deve ser espetacular. A pena de morte é, com efeito, raramente aplicada, atingindo apenas um pequeno número de delitos. Geralmente, resolve-se isso pagando multas. Mas quando ela é aplicada, o é em público e com aparato; é preciso que o sangue corra e que tudo seja muito cruelmente visível.

Tortura e execução
de Simon Poulliet, prefeito
de Compiègne, em Paris, em 1346,
sob a vista de um grupo
de padres.
Manuscrito 677, século XIV
(f.91 r.). Besançon,
Biblioteca Municipal.

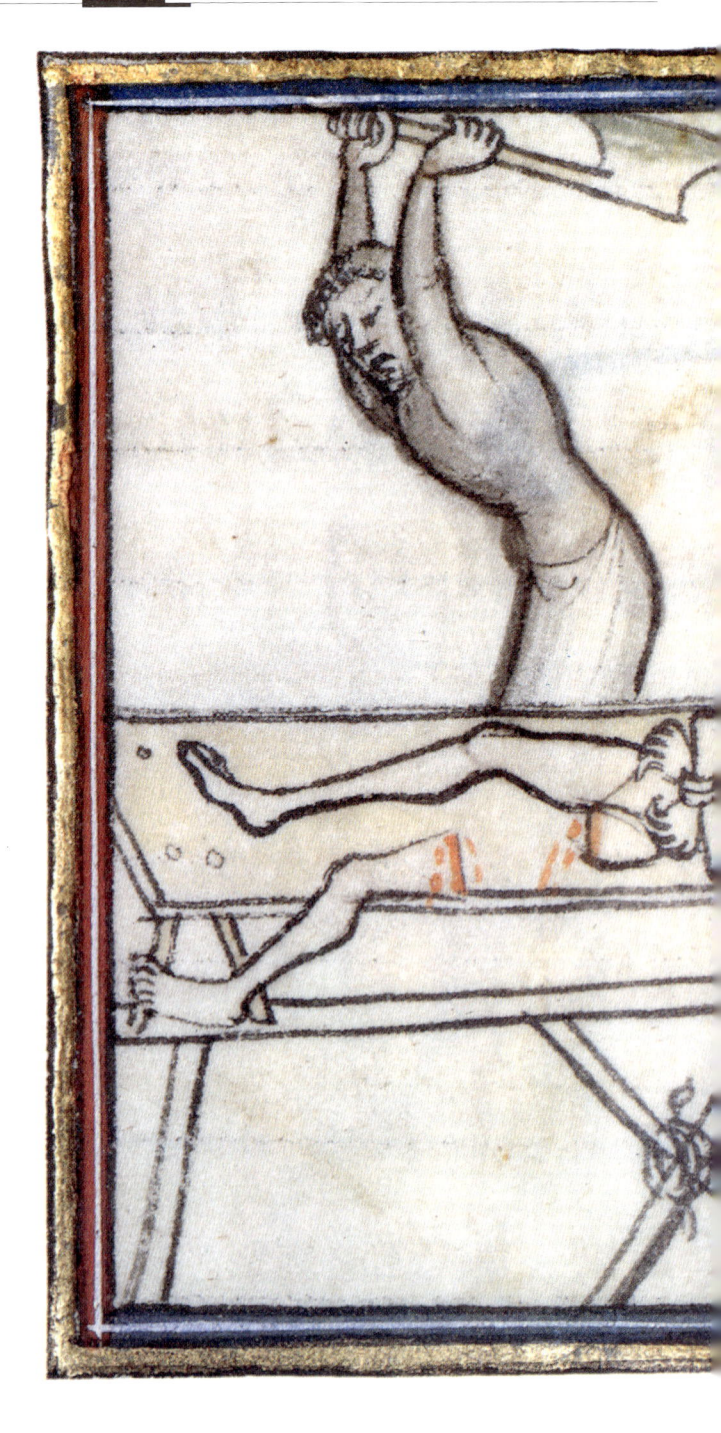

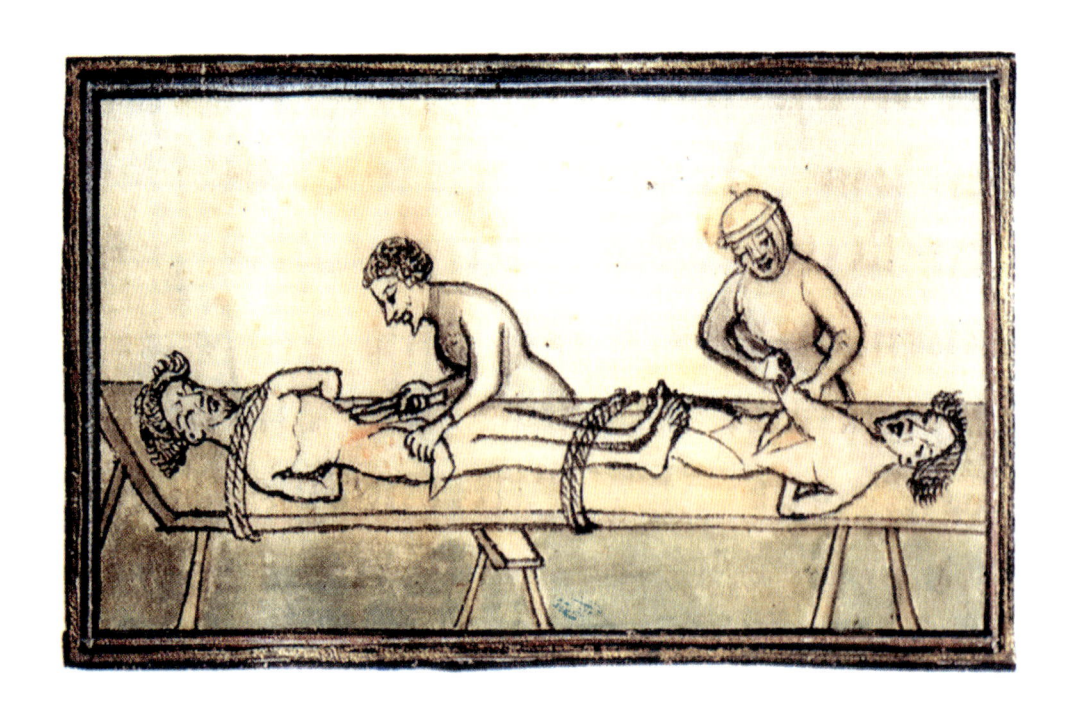

Mas se corta com mais vontade a mão do ladrão, o sexo do indivíduo que praticou abusos.

✠ *Essas cidades abrangiam zonas, por natureza, mais perigosas do que outras?*

Nas grandes cidades, provavelmente. Porém, não sabemos o suficiente para distinguir os bairros perigosos dos outros. Existiam zonas pacíficas, a praça do mercado em especial, que era particularmente vigiada, porque aí havia dinheiro, coisas tentadoras, estrangeiros, oportunidades de brigas entre o comprador e o vendedor. Havia também esses recintos em torno das igrejas, sinalizados por cruzes, nos quais toda violência era proibida. Chamavam-se "cemitérios". Não eram reservados aos mortos. Os vivos ali se instalavam e construíam casas.

As punições pretendiam ser espetaculares. Ao alto, cavaleiros, que pecaram por adultério, são emasculados; abaixo, Enguerrand de Marigny é arrastado por uma carroça antes de ser enforcado.
Manuscrito 677, século XIV (f.91 r.). Besançon, Biblioteca Municipal.

O medo
do além

Em meados do século XIV, a peste negra perturba profundamente a atitude do homem em relação à morte. De familiar e normal, a morte torna-se trágica, onipresente, objeto de temor. *Heures de Rohan*, século XV (manuscrito latino 9471, f.159). Paris, Biblioteca Nacional.

Quando ninguém duvida da existência de um outro mundo, a morte é uma passagem que deve ser celebrada em cerimônia entre parentes e vizinhos.

O homem da Idade Média tem a convicção de não desaparecer completamente, esperando a ressurreição. Pois nada se detém e tudo continua na eternidade. A perda contemporânea do sentimento religioso fez da morte uma provação aterrorizante, um trampolim para as trevas e o incognoscível.

A bomba atômica provocou um novo medo, o de um desencadeamento de conflitos levando à explosão brutal do universo.

A solidariedade em torno da passagem da vida para a morte desapareceu e, hoje, apressamo-nos para desembaraçar-nos do cadáver. Mais do que a morte, nossos ancestrais temiam o Juízo Final, a punição do além e os suplícios do inferno. Um medo do invisível sempre presente, bem implantado no âmago do homem de hoje, que vacila perante o sentimento de impotência em face de seu destino.

✠ *De que maneiras manifesta-se o medo da morte por volta do ano 1000?*

Na Idade Média, toda a parentela se reúne em torno daquele que vai morrer. O médico, os serviçais, os vassalos também estão presentes. O moribundo dita seu testamento. No medalhão, a viúva. Manuscrito latino, *Justiniani in fortiatum,* século XIV (f.56 r.). Espanha, Biblioteca do Escorial.

Eu me pergunto se os homens daquela época tinham tanto medo da morte como nós. Nenhum deles duvida, então, de que haja, no Universo, uma parte invisível, incognoscível, e que entre ela e o mundo aqui embaixo a fronteira não seja intransponível. A vida prolonga-se depois da morte e os mortos estão sempre presentes, especialmente durante cerimônias em que estão associados aos vivos. Eles são evocados constantemente nos locais de oração pelas comunidades monásticas, das quais uma das funções é, precisamente, servir aos mortos, ajudar as almas a retirarem-se para essa extensão que se imagina existir, não se sabe muito bem o que seja, mas que está aqui e nos espera.

A morte é uma passagem, e essa passagem ocorre através de cerimônias. É nesse aspecto que vejo uma diferença muito profunda da nossa cultura. Para nós, a morte é uma coisa embaraçosa: é preciso livrar-se o mais rapidamente possível do cadáver. A transferência para os locais de sepultamento acontece furtiva e apressadamente. Na Idade Média, ao contrário, toda a família, os serviçais, os vassalos, todos se reúnem em torno daquele que vai morrer. O moribundo deve fazer muitos gestos, despojar-se, distribuir entre os que ele ama todos os objetos que lhe pertenceram. Ele deve também declarar seus últimos desejos: exortar os que lhe sobrevivem a portar-se de forma melhor, e, evidentemente, submeter-se a todos os ritos que o ajudarão a ocupar, no além, uma posição que não lhe seja muito desagradável. O corpo do de-

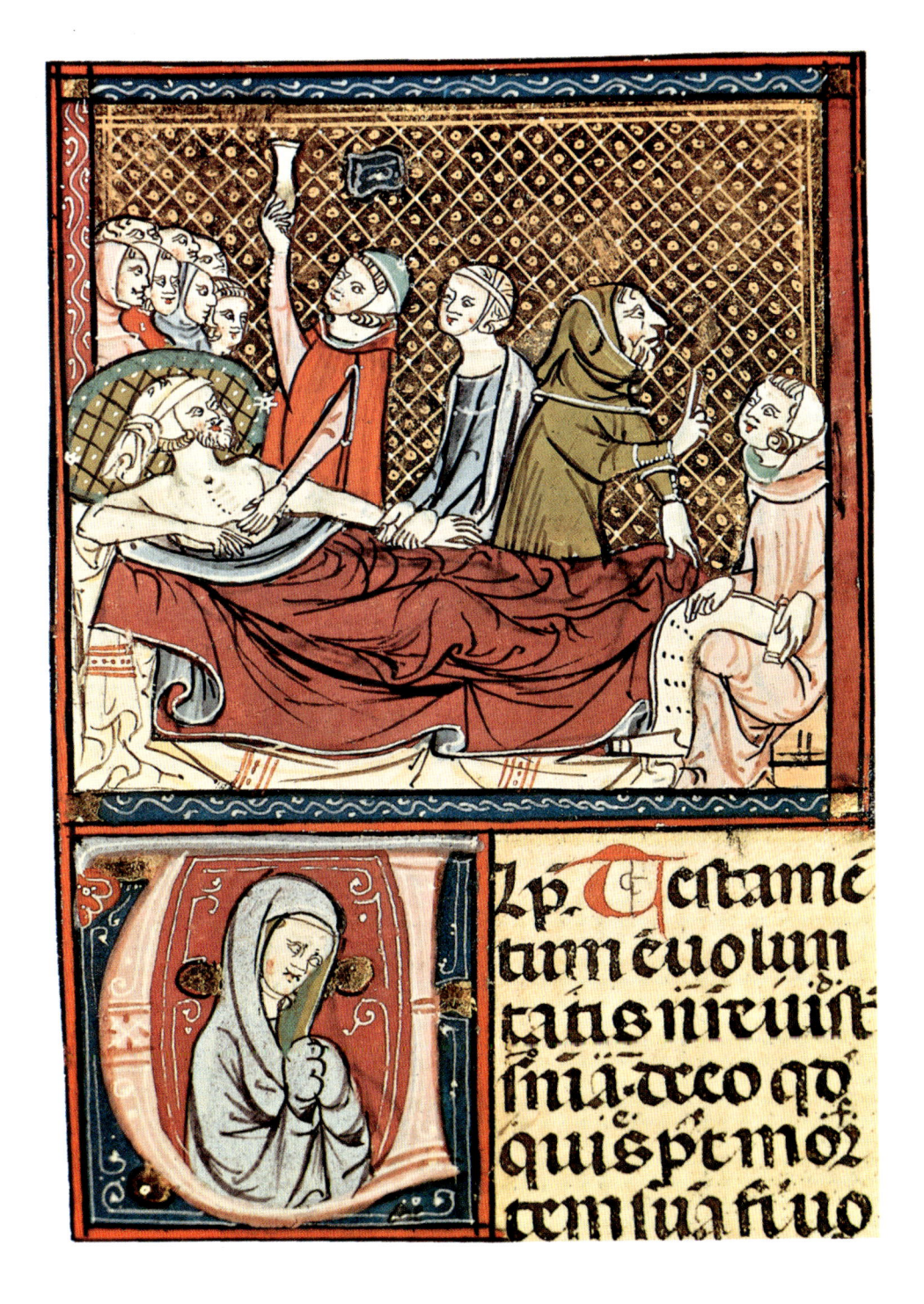

funto é, a seguir, objeto de zelosos cuidados. Fica exposto algum tempo sobre o leito mortuário, que é depois transportado para a igreja. E, no interior desta, durante a vigília fúnebre, desenrola-se um último rito, na minha opinião totalmente expressivo da solidariedade que une, naquele momento, os vivos e os mortos: um banquete. Todos os membros da família e da região são convidados a reunir-se em torno de uma mesa presidida por aquele cuja alma partiu para outro local. Os pobres das redondezas são agrupados e convidados a comer; eles se beneficiam, uma última vez, da generosidade do morto.

✠ *O senhor quase que parece ter saudade dessa abordagem da morte...*

Tenho saudade dela, é verdade. Penso que a morte tornava-se certamente menos aterrorizante pela certeza que se tinha de não desaparecer completamente, pela garantia de sobreviver, se não corporalmente, pelo menos sob uma outra forma, esperando a ressurreição dos mortos. Com todo esse cerimonial, a morte não era essa espécie de trampolim para as trevas e para o incognoscível que é, hoje em dia, para muitos de nós.

Os defuntos das famílias ricas eram sepultados no interior das igrejas; os pobres, nos ossuários. O ofício dos mortos, em *Heures de Rohan*, século XV (manuscrito latino 9471, f.196 e 182). Paris, Biblioteca Nacional.

✠ *A que o senhor atribui essa abordagem tão diferente? Deve-se à perda de um certo sentimento religioso, em consequência do progresso tecnológico, ou a um melhor conhecimento da biologia?*

Penso que dois fatores intervêm. O fator principal, evidentemente, são as crenças. Ninguém duvidava da existência de um outro mundo. Cada um estava, então, persuadido de que nada se detinha, que tudo prosseguia e prosseguiria na eternidade. E o segundo fator é – ainda uma vez – a solidariedade. A dos pais e dos vizinhos, que cercava o indivíduo como um invólucro por vezes insuportável, mas que o auxiliava a atravessar as vicissitudes da vida e, sobretudo, essa provação fundamental, que é a passagem da vida à morte.

✠ *Na época atual, percebe-se um medo um pouco difuso quanto ao futuro da humanidade, medo que se reflete na procura de videntes, de magos. Isso já existia na Idade Média?*

Existia uma espera, a do fim dos tempos. Chegará um dia que será o último. Em seguida ocorrerá a passagem para um mundo impensável, o do eterno e do infinito. Mas, eu acho, o que os homens daquela época temiam muito mais era o Juízo Final, a punição no além. Basta olhar, à sua volta, o que resta da arte medieval para impressionar-se com o lugar ocupado pelas representações dos suplícios do inferno.

✠ *Como os homens da Idade Média imaginavam o inferno?*

Muitas imagens – e ainda as vemos esculpidas ou pintadas nas paredes das igrejas – lembravam obstinadamente a presença do inferno. Elas mostravam-no sob o aspecto de uma goela monstruosa

Império subterrâneo cuja goela se abre para devorar os condenados, a visão do inferno alimenta o medo de conspurcar-se. Um sentimento de pavor partilhado por todos, que aviva as imagens de labaredas, monstros e verdugos.
Apocalipse, Escola do Norte.
Cambrai, Biblioteca Municipal.

amplamente aberta, engolindo os condenados. No interior desse ventre sombrio, labaredas e demônios atormentavam o corpo desses condenados com todos os tipos de instrumentos de tortura. Um acúmulo de dores físicas, semelhantes às que se infligiam aos culpados de crimes muito graves.

✠ *O inferno tornava-se quase familiar à força de representações? Ele era mais inquietante por sua onipresença, ou o é mais hoje por sua "ocultação"?*

Imagem obsessiva, opressiva, o inferno estava permanentemente presente em todos os espíritos. Talvez fosse o germe mais virulento do medo que atormentava as pessoas daquela época. Elas sentiam-se ameaçadas pelos pecados, portanto de ser punidas, e tentavam escapar à danação por todos os meios, preces, penitências, amuletos. O refluxo atual das crenças em castigos eternos prometidos por um Deus vingativo àqueles que lhe desobedeciam, vejo isso como uma liberação. Ainda que, em nossa época também, apesar do progresso dos conhecimentos, eu tenha o sentimento de que muitas pessoas ainda acreditam nas forças demoníacas, mesmo entre os intelectuais. As pessoas permanecem menos protegidas do que se pensa contra essa inquietude.

✠ *Como essa crença se manifesta, na sua opinião?*

Pelo sucesso extraordinário retomado, em nossa sociedade, pelos charlatães que vendem toda sorte de amuletos para tentar vencer a adversidade, prever o futuro, defender-se contra as forças maléficas. O sucesso dos que propõem a cura das doenças do corpo ou da alma faz-me pensar que o medo do invisível permanece profundamente arraigado em nossas vísceras.

✠ *Ela transcende o progresso científico...*

Sim, eu acho, porque, à medida que o conhecimento se expande, tomamos cada vez mais consciência

Para acalmar o medo aterrorizante do inferno, inventou-se, no fim do século XII, o purgatório. Nesse local de suplícios, a solidariedade subsiste entre os vivos e os mortos. Ela alimenta a esperança de escapar à condenação eterna.
Psalterium liturgicum, século XIII (manuscrito 10/1453, f.110). Chantilly, Museu Condé.

de que existem coisas incognoscíveis. Muitas doenças da alma provêm, certamente, desse sentimento de impotência dos homens em face de seu destino. Antigamente, havia terapêuticas bem apropriadas para tranquilizá-los. O rito cristão da confissão e

Imagem de esperança, a representação da Arca de Noé afirma que, pela graça divina, todo homem de boa vontade pode escapar à punição universal.
Beatus de Liebana, *Commentaire de l'Apocalypse*, 975. Gerona, Catedral.

da penitência, isto é, um conjunto de gestos destinados a expiar os erros do pecador, desempenhava um papel pelo menos equivalente ao que a psicanálise tentou desempenhar, em algum momento, na nossa sociedade. Esse rito atenuava o medo do inferno, tanto maior porque, durante muito tempo, não havia outra escolha. Havia o inferno e o paraíso. Isso era de tal forma inquietante, que a sociedade inventou o purgatório. Jacques Le Goff contou a história dessa invenção ligada ao desenvolvimento do comércio e da contabilidade. Foi no fim do século XII, no momento em que começa a época dos mercadores, que germina a ideia de uma espécie de comércio entre o Todo-Poderoso e os homens: todos os benefícios das boas ações dos vivos podem ser transferidos para a conta do defunto, a fim de ajudá-lo a livrar-se de sua culpa. Reencontramos, ainda aqui, o que há de consolador na solidariedade, pois aqueles que permaneciam na terra eram capazes, por suas boas obras e suas orações, de ajudar as almas do purgatório a abreviarem o tempo em que deviam purgar-se do que as conspurcava.

✠ *O desenvolvimento das seitas religiosas preocupa muito atualmente. Elas existiam numa sociedade como a da Idade Média?*

A Idade Média foi o momento de um fervilhar de heresias no interior de um sistema homogêneo, que era o cristianismo. A Igreja preocupou-se em destruir esses desvios, e com violência. Lançou uma cruzada contra os albigenses. O que ocorria, sobretudo, eram movimentos de resistência ou de revolta com relação à instituição eclesiástica. E é nisso que as heresias, apresentadas sob um aspecto inteiramente negativo, constituem também um sinal da vitalidade daquela época, na qual fermentava, irreprimível, a liberdade de pensamento.

✠ *A extinção de espécies, a degradação do ambiente, nossos medos são mais agudos do que os da Idade Média?*

Sim, é aí, na minha opinião, que a diferença é mais clara. A questão da ecologia, evidentemente, não se apresentava em um universo no qual o poder da natureza era, ao contrário, terrificante. Os homens tampouco se questionavam sobre o desaparecimento da espécie humana. Estavam convencidos de que ele ia ocorrer. Não sabiam quando, mas estavam certos de que, num dado momento, não existiriam mais homens na terra, porque eles estariam em outro lugar, no céu, no inferno.

✠ *Os homens daquele tempo tinham consciência da extinção de espécies? Tinham uma ideia mínima de que os dinossauros haviam desaparecido?*

Não, sabia-se que existiram civilizações anteriores que estavam mortas. A civilização romana tivera seu brilho, depois ruíra. Sabia-se disso, pois dela encontravam-se vestígios de criações admiráveis reduzidas ao estado de ruínas. O sentimento de deterioração das coisas existia. Os homens haviam compreendido bem que as civilizações eram mortais, o que redescobrimos. Mas eles não tinham, de modo algum, a ideia de que espécies animais poderiam ter desaparecido bruscamente.

Páginas precedentes
A precipitação dos condenados na goela de Leviatã representa o conjunto de suplícios; porém, a imagem pode ser lida como uma crítica social. Entre os condenados, figuram reis, clérigos ou cavaleiros. O Inferno aparece, então, como o instrumento de uma justiça imanente, compensando as iniquidades terrestres.
À direita, o diabo e seu altar; capitel do coro.
À esquerda, um monstro engolindo um homem.
Chauvigny, Igreja São Pedro, século XII.

Os homens da Idade Média observavam as estrelas a fim de conhecer seu destino. Aqui, em 1066, por ocasião da conquista da Inglaterra pelos normandos, um cometa, talvez o de Halley. Tapeçaria da rainha Matilde, por volta de 1080. Bayeux, Museu da Tapeçaria.

✠ *E quando os homens observavam o céu, o que viam? Tinham o sentimento de ser a única espécie humana? Possuíam consciência da amplitude do Universo, de seus eventuais perigos?*

Estavam persuadidos de que a terra era o centro do Universo e que Deus tinha criado apenas um homem e uma mulher, Adão e Eva, e seus descendentes. Não imaginavam que existissem outros espaços habitados. O que viam no céu, o movimento regular dos astros, era a imagem do que havia de mais próximo do plano divino de organização. O que os aterrorizava era a ocorrência, no interior dessa ordem perfeita, de acidentes. Um cometa, por exemplo, ou um eclipse um pouco mais prolongado, chuvas de sangue, como se acreditava vê-las cair, às vezes, quando a areia do Sahara era transportada por ventos violentos até o continente europeu, eram para eles a prova de que o céu estava descontente, que algo se anunciava, ou então um convite a um maior respeito às ordens divinas.

✠ *Esse medo com relação às catástrofes naturais parece verificar-se atualmente...*

Por vezes, uma catástrofe lembra-nos que o homem, com todo o poder que ganhou mediante o desenvolvimento das ciências e das técnicas, permanece, no entanto, impotente diante das forças da natureza.

✠ *Os homens daquela época procuravam conhecer o futuro?*

Sim, naturalmente. A astrologia desempenhava um papel considerável naquela sociedade e estava ligada, muito proximamente, aos progressos da astronomia. Se se observaram tanto as estrelas, se os sábios da Universidade de Paris, em meados do século XIII, possuíam tamanho conhecimento das leis do mundo a ponto de calcular o comprimento do meridiano terrestre com uma exatidão quase perfeita, é porque se tratava de localizar os planetas sob os quais tal indivíduo tinha nascido, de maneira a fazer um horóscopo, a predizer o futuro. E, nesse caso ainda, você acredita que, hoje em dia, estamos completamente livres das superstições?

O tema da dança macabra ensina que todos os humanos, qualquer que seja sua posição social, são inexoravelmente impelidos ao mesmo fúnebre destino.
Manuscrito de Vérard,
Paris, Biblioteca Nacional.

Mortale s dominus cuctos i luce creauit Ot capiat meritis
gaudia suma post. Felix ille quid qui mete insilix scele rio que
rigit atqz Bigis noxia queqz cauet Nec tn insilix scele ris sol et Sz Binut hoi
peltet acti Quiqz suu facn9 pfagere sepe solet Sz Binut fabula Bana so
ueo tag moie nulla sequak. Et Belud isernu Atqz Hebiei p[e]as
ret, Lu doceat sesus Binetes moite resolui Atqz Hebiei p[e]as
pagia sacra piobet. Quas q no metuit isilix.pi[e]et ames. Hi
uit:et extict9 setiet ille rogu Sic igitur cucti sapientes Binere
certet Ot michil inserni sit metueda palus

Le premier mort

Basta inclinar-se um pouco na direção das profundezas da consciência, para descobrir atitudes que são muito próximas das dos nossos ancestrais longínquos.

✠ *O temor do fim do mundo, tão presente na Idade Média, atravessou os séculos?*

É algo que perdura. Minha mãe, por exemplo, não estava convencida de que o fim do mundo não chegaria em breve. Vivemos ainda marcados por tudo o que nossos ancestrais muito longínquos fizeram e pensaram. Se vasculhássemos as consciências de nossos contemporâneos, seriam encontradas muitas pessoas que sempre alimentam a ideia de que a história humana pode interromper-se bruscamente. Lembro-me dos primeiros testes atômicos, as pessoas indagavam-se se isso não ia provocar reações em cadeia e fazer explodir o Universo. Quando ouvimos dizer, atualmente, que o crescimento demográfico é tão grande que, em algumas décadas, a terra não poderá mais alimentar os homens, muitos perguntam-se o que será da espécie humana. Quando sabemos que os dinossauros desapareceram tão repentinamente que ainda encontramos ovos que não eclodiram, isso leva a imaginar que, por este ou aquele mecanismo, por um enfraquecimento total das defesas imunológicas, por exemplo, a espécie humana pode, ela também, desaparecer.

✠ *Hoje em dia,*
o senhor vê o embrião de
uma renovação
espiritual?

O que vejo, principalmente, é que o materialismo não satisfaz a maioria das pessoas. Elas estão procurando algo mais.

"Naqueles dias, os homens procurarão a morte e não a encontrarão. Desejarão a morte e a morte fugirá para longe deles."
Apocalipse, IX, 6.
Satã e os anjos decaídos fazem gafanhotos abaterem-se sobre a terra.
Beatus de Liebana,
La 5ᵉ trompette dans l'Apocalypse de Saint Sever, século XI
(manuscrito latino 8878, f.145 v.)
Paris, Biblioteca Nacional.

Créditos Fotográficos

Na capa: *ao alto*, Albrecht Dürer, *Portrait de Hieronymus Holzschüer*, 1526 (uma representação tardia escolhida pela expressividade do olhar). Staatlichc Museen zu Berlin-Preußischer Kulturbesitz Gemäldegalerie. *Jörg P. Anders/Bildarchiv, Berlin;* abaixo, Eugene Richards/Magnum, Paris.

Página 12: *Giraudon, Paris.*

Página 19: *Oronoz, Madrid.*

Página 24: *Dagli Orti, Paris.*

Página 25: *Richard Kalvan/Magnum, Paris.*

Página 27: *Bibliothèque Nationale de France, Paris.*

Página 32: *British Library, London.*

Página 34-35: *Dagli Orti, Paris.*

Página 37: *Dagli Orti, Paris.*

Página 39: *Bibliothèque Nationale de France, Paris*

Página 41: *Dagli Orti, Paris.*

Página 42: *Dagli Orti, Paris.*

Página 45: *British Library, London.*

Página 47: *Dagli Orti, Paris.*

Página 50: *Stadtarchiv, Nördlingen.*

Página 51: *Josef Koudelka/Magnum, Paris.*

Página 53. *Dagli Orti, Paris.*

Página 54-55: *Dagli Orti, Paris.*

Página 57: *Dagli Orti, Paris.*

Página 59: *Dagli Orti, Paris.*

Página 61: *Dagli Orti, Paris.*

Página 62-63: *Dagli Orti, Paris.*

Página 65: *Dagli Orti, Paris.*

Página 66: *Dagli Orti, Paris.*

Página 69: *Dagli Orti, Paris.*

Página 71: *Dagli Orti, Paris.*

Página 73: *Bibliothèque Nationale de France, Paris.*

Página 75: *Dagli Orti, Paris.*

Página 78: *D. R.*

Página 79: *Mathias Lacombe/Sygma, Paris.*

Página 82-83: *Paul Laes, Louvain.*

Página 84: *Giraudon, Paris.*

Página 85: *Jean-Loup Charmet, Paris.*

Página 87: *D. R.*

Página 88: *D. R.*

Página 92-93: *The Metropolitan Museum of Art. The Cloisters Museum, New York.*

Página 94 e 95: *Lauros-Giraudon, Paris.*

Página 98: *Dagli Orti, Paris.*

Página 99: *Josef Koudelka/Magnum, Paris.*

Página 101: *Bibliothèque Nationale de France, Paris.*

Página 103: *Dagli Orti, Paris.*

Página l06-107: *Dagli Orti, Paris.*

Página 109: *Hervé Champollion/Agence Top, Paris.*

Página 110: *Dagli Orti, Paris.*

Página 113: *Giraudon, Paris.*

Página 114: *Oronoz, Madrid.*

Página 116-117: *Erich Lessing/Magnum, Paris.*

Página 118: *Erich Lessing/Magnum, Paris.*

Página 122: *Bibliothèque Nationale de France, Paris.*

Página 123: *Jean Gaumy/Magnum, Paris.*

Página 125: *Dagli Orti, Paris.*

Página 126: *À esquerda e à direita. Bibliothèque Nationale de France, Paris.*

Página 129: *Giraudon, Paris.*

Página 131: *Giraudon, Paris.*

Página 132: *Oronoz, Madrid.*

Página 134: *Dagli Orti, Paris.*

Página 135: *Dagli Orti, Paris.*

Página 137: *Erich Lessing/Magnum, Paris.*

Página 139: *Bibliothèque Nationale de France, Paris.*

Página 141: *Bibliothèque Nationale de France, Paris*

SOBRE O LIVRO

Coleção: Prismas
Formato: 16 x 21 cm
Mancha: 31,2 x 38,11 paicas
Tipologia: Gatineau 12/15
Papel: Couché fosco 150 g/m² (miolo)
Cartão LTC 400 g/m² (capa)
1ª Edição: 1998
3ª Reimpressão: 2022

EQUIPE DE REALIZAÇÃO

Produção Gráfica
Edson Francisco dos Santos (Assistente)

Edição de Texto
Fábio Gonçalves (Assistente Editorial)
Fábio Gonçalves (Preparação de Original)
Nelson Luís Barbosa (Revisão)

Editoração Eletrônica
Lourdes Guacira da Silva Simonelli (Supervisão)
Edmilson Gonçalves (Diagramação)

Da edição francesa
Iconografia: Anne Soto
Maquete: Emmanuel Pesso